MY NEXT SUCCESS

WWW.GERALDVIGOUROUX-FORMATION.COM

© MY NEXT SUCCESS - 2018
ISBN 97829562822111

Auteur : Gérald VIGOUROUX
Conception et mise en page : Gérald VIGOUROUX
Illustrations : Depositphotos / Flaticon

MY NEXT SUCCESS
29 rue Kléber
59130 Lambersart

diapodesign !

PowerPoint autrement

Les clés d'une communication efficace et percutante avec PowerPoint

GÉRALD VIGOUROUX

La simplicité est la sophistication suprême.

Léonard de Vinci

SOMMAIRE

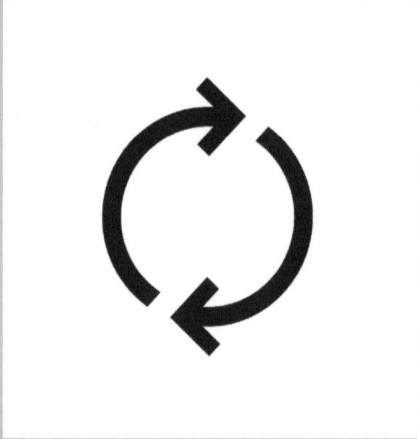

AU DÉBUT
ÉTAIT LE CHAOS

diapo design | © Gérald Vigouroux - 2018

PREMIERS PAS

1984 - GEORGES ORWELL ?
NON, BOB...

C'est en 1980 que l'idée de pouvoir donner à un conférencier la possibilité de créer lui-même ses diapositives est apparue à Robert Daskins dit « Bob », alors ingénieur aux laboratoires Bell, à Palo Alto. Son collègue de travail, Whitfield Diffie, mathématicien et père de la cryptographie informatique, développa en une semaine, pour son usage personnel, un petit programme pour pouvoir écrire sur son ordinateur un « story-board » sous forme de liste à points, qu'il voulait ensuite imprimer et emmener à la conférence qu'il devait donner. À l'époque, l'idée de créer soi-même ses diapositives ne paraissait pas aussi évidente qu'elle ne l'est aujourd'hui ! Les imprimantes de bureau n'existaient pas, et la technologie utilisée pour les présentations était celle, coûteuse et peu pratique, des rétroprojecteurs avec diapositives d'abord, puis un film plastique transparent ensuite. Les autres employés de Bell commencèrent alors à utiliser le petit logiciel créé par Diffie, mais c'est Bob qui comprit véritablement l'intérêt révolutionnaire de l'idée. Il fonda en 1984 la société PowerPoint, dont la première version ne fonctionnait que sous Mac. Microsoft racheta ensuite l'entreprise pour faire de PowerPoint un élément de la suite bureautique bien connue.

14 millions de dollars	30 ans	1 milliard de dollars

PROMIS À UN BEL AVENIR...

ADDICTION

RÉUNION DÉPENDANT
POWER ADDICT

Le management a, depuis une trentaine d'années, évolué. D'une organisation majoritairement verticale et hiérarchique, nous sommes passés à un management dans lequel le mode projet est devenu roi. Schématiquement, le mode projet est un système d'organisation dans lequel les compétences sont censées se croiser pour le plus grand bénéfice du projet. Or, pour pouvoir croiser des compétences, il faut organiser des réunions. Des dizaines, des centaines de réunions par mois ! Et pour rationaliser au mieux ces réunions, il faut les structurer. Un logiciel s'est imposé dans l'imaginaire collectif comme le meilleur outil pour aller droit au but, à l'essentiel, sans perdre de temps en paroles inutiles : PowerPoint. Ceci a atteint un tel point qu'aujourd'hui, il serait presque mal vu d'arriver en réunion sans sa présentation PowerPoint !

Capable de vous faire résumer une longue thèse en trois diapositives, PowerPoint offre la possibilité d'afficher pendant votre discours ses éléments les plus importants, d'illustrer vos idées par des images, des vidéos, des schémas. Bref, PowerPoint est là pour vous soutenir et faire son petit effet. C'est un outil de mise en scène de l'information, de mise en forme d'un discours.

Le problème initial avec le logiciel provient de son hégémonie. Dès le collège, le choix n'est plus permis : ce sera PowerPoint comme tout le monde ! Vous ne chercherez plus à travailler sur un autre logiciel (oui, il en existe d'autre !) puisque PowerPoint fait partie de votre vie, vous le connaissez depuis longtemps : PowerPoint créé une forme d'addiction !

C'EST À FAIRE POUR HIER...
LA DICTATURE DE L'URGENCE

Le développement des technologies de l'information et de la communication a considérablement modifié le référentiel de temps et de durée. L'instantanéité est devenue la norme, l'ubiquité le but. Smartphone connecté en permanence, ordinateur portable branché en 4G et tablette tactile sous le bras, vous devez faire preuve dans votre travail d'une réactivité absolue. PowerPoint, outil de synthèse par excellence, devient donc dominant dans ce monde en recherche permanente de concision, de clarté.

L'INFOBÉSITÉ GUETTE...
LE COPIER/COLLER DOMINE !

La globalisation de l'économie a entraîné un accroissement exponentiel du volume d'informations. Souffrant d'infobésité, le salarié peut-il prendre le temps de l'analyse et du recul ? Le copier/coller fait rage, le clonage à l'infini des données vampirise nos process. Quoi de mieux que PowerPoint alors pour produire rapidement et donner l'illusion de simplicité !

AUJOURD'HUI

Les présentations PowerPoint sont devenues incontournables en entreprise !

Impossible de le nier ! En 2011, selon une étude de Dave Paradi, expert canadien en présentations PowerPoint professionnelles, nous comptions 500 millions d'utilisateurs réguliers de PowerPoint dans le monde... Combien en 2017 ? Mystère, mais vous pouvez facilement imaginer que ce nombre a explosé... Regardez tout simplement la place que prend aujourd'hui PowerPoint dans votre entreprise ! Effrayant, non ?

Conduire une réunion, présenter un rapport, animer une conférence ou une formation, défendre un projet, motiver une équipe, convaincre un client, vendre une prestation... autant de situations dans lesquelles il paraît plus que difficile de se passer de la toute-puissante présentation, du sacro-saint diaporama, plus familièrement, appelée « Prez » pour les initiés ! Et bien sûr pas de « Prez » sans PowerPoint, le logiciel le plus couramment utilisé pour concevoir des diaporamas.

Tout ceci est formidable, impressionnant, épatant mais... est-ce bien efficace ? Une seule façon de le savoir : faites le test suivant !

Si ces situations vous interpellent, bravo ! Vous faites partie de la majorité ! Hélas...

ENNUI

Avez-vous déjà somnolé ou consulté vos mails durant une présentation ?

INCOMPRÉHENSION

Avez-vous déjà quitté une réunion plus perdu qu'en y entrant ?

PASSIVITÉ

Avez-vous déjà assisté à une présentation où l'orateur se contentait de lire ses diapositives ?

ILLISIBLE

Avez-vous déjà eu des difficultés à lire le texte d'un diaporama parce qu'il était écrit trop petit ?

CHAOS

Avez-vous déjà vu des présentations mal structurées, totalement déséquilibrées, au design approximatif ?

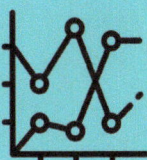

ÉNIGMATIQUE

Avez-vous déjà vu des schémas, des graphiques si complexes que même l'orateur n'a su les expliquer ?

IMAGINEZ...

Vous êtes à la veille d'une importante présentation d'un projet devant le comité de direction de votre entreprise, et vous avez préparé votre présentation PowerPoint pour être, demain, le plus percutant possible.

Afin d'être sûr de ne rien oublier lors de ces quelques minutes cruciales, et dans le souci que tout le monde vous comprenne bien, vous avez pris soin d'inscrire sur vos slides tous les points importants de votre argumentation ; vous avez une magnifique succession de listes à puces, ce qui ne peut que donner une formidable impression de clarté ! Vous avez imprimé votre présentation pour distribuer au public un support papier. C'est clair, c'est top ! Oui, c'est sûr, vous êtes fin prêt !

Pourtant, le lendemain, pendant la présentation, quelque chose d'étrange va se produire, que vous avez déjà croisé auparavant mais sans trop le comprendre. Au fur et à mesure de votre discours, vous allez de plus en plus vous retourner vers l'écran de projection.

Vous allez progressivement tourner le dos à votre public et vous appuyer de plus en plus sur votre PowerPoint. Et voilà, vous vous êtes totalement effacé devant votre présentation. Vous vous en servez comme une antisèche et l'auditoire décroche. Caramba ! C'est encore raté !

CARAMBA ! ENCORE RATÉ !

POURQUOI ?

Les 5 ingrédients d'une présentation ennuyeuse

Powersieste

Pratique consistant, lors d'une présentation ennuyeuse, à occuper son temps à toutes autres activités comme par exemple s'assoupir tout en gardant ouvert les yeux.

L'ORATEUR LIT LES DIAPOSITIVES

Nous arrivons à lire 250 mots minutes. Nous n'arrivons à dire que 150 mots minutes. Notre vitesse de lecture est donc plus élevée que notre débit verbal. La conséquence est simple et sans appel : le public va plus vite que l'orateur, ayant fini de lire la diapositive bien avant lui. Le public n'écoute plus, il attend...

LE TEXTE EST ÉCRIT TROP PETIT

Ce que vous voyez à l'écran en préparant votre présentation est très différent de ce que verront vos auditeurs lorsque votre diaporama sera projeté !

LES PHRASES SONT TROP LONGUES

Le texte visible sur les diapositives doit exprimer la synthèse des idées pour supporter le discours de l'orateur. Les mots doivent soutenir le propos et non pas l'inverse ! Les détails sont donc donnés à l'oral et peuvent être retrouvés dans un support imprimé.

LES GRAPHIQUES, TABLEAUX SONT INDÉCHIFFRABLES

Ne perdez pas votre public sous une masse de données ou d'informations chiffrées. Votre public doit vous écouter, peut-être hélas vous lire, prendre parfois même des notes alors mettez-vous à sa place... Si vous lui imposez en plus d'analyser une série de tableaux et autres graphiques complexes et indigestes, imaginez sa réaction !

UN DESIGN APPROXIMATIF

Des couleurs criardes donnant la nausée, des marges inexistantes afin de laisser le plus d'espace possible à un texte compact illisible, des blocs non alignés, des mises en pages qui varient d'une diapositive à l'autre, une numérotation incohérente, vous n'êtes pas en plein cauchemar : c'est votre présentation.

MAIS ENCORE...

UN DOCUMENT TROP DENSE
UN PROMPTEUR

Une diapo qui contient plus de 75 mots est un document destiné à être lu et non vu.

Vous pouvez en diminuer le contenu et mettre le surplus dans les notes ou admettre tout simplement qu'il s'agit d'un document et non d'une présentation.

Une présentation se doit d'être aérée. Nous lisons plus vite que nous ne parlons : votre audience aura tendance à se concentrer sur les diapositives plutôt que sur le message oral de l'orateur.

La densité d'informations va provoquer une saturation et votre public ne lira au bout d'un moment plus rien du tout : c'est le « décrochage d'attention ».

Les présentations avec une cinquantaine de mots par diapo servent de téléprompteur. Le texte de la diapo sert de « béquille » au présentateur. L'auditoire lit les diapos ou écoute le présentateur. Cette approche peu engageante est souvent le résultat du peu de temps accordé à revoir le contenu et caractérise le style de bon nombre de professionnels. Les présentateurs qui se servent d'un téléprompteur tournent généralement le dos à leur auditoire.

1 Faire une présentation pour soi en omettant la problématique de son auditoire

2 Négliger de bien définir l'objectif de sa présentation (le call to action)

3 Travailler sur ses supports la veille de sa présentation

4 Composer son texte de façon télégraphique sous forme de...liste à puces et faire un bullets point

le top 10 des erreurs à éviter !

5 Faire une présentation « descendante » non interactive avec l'auditoire

6 Intégrer des animations « captivantes » tape-à-l'oeil non justifiées sur les slides

7 Ne pas hiérarchiser les éléments sur la diapositive (rien de tel pour brouiller le message)

8 Oublier de coordonner son discours avec les mots clés de ses slides

9 Utiliser une typo non adaptée à la lecture sur écran

10 Faire une impasse sur l'étape du story-board

ME AND I

Vos auditeurs rentrent progressivement dans une sorte d'hypnose légère, rythmée par vos changements de slides ? Leurs paupières se font lourdes... Vous sentez que votre auditoire décroche, lentement, inexorablement, dramatiquement. Vous avez la vague et tenace impression que c'est vous et ce que vous dites qui n'intéresse pas le public. PowerPoint vous vole la vedette ? Alors...

À MALIN MALIN ET DEMI

Pour remobiliser l'attention du public, vous allez chercher, généralement, à dissocier ce que vous dites de ce qui est présenté sur la diapositive. Vous pensez ainsi reprendre l'avantage sur la présentation. Le problème est immédiat : si ce que vous dites s'éloigne trop du contenu des diapositives, votre public risque là encore de décrocher, fatigué de devoir lire et écouter simultanément deux discours différents. Vous allez alors être tenté de reconnecter ce que vous dites avec ce qui est montré. Mais vous retombez dans le même piège : votre auditoire s'ennuie puisqu'il a déjà lu ce que vous racontez !

ET C'EST PARTI POUR
LE SHOW

Pour rendre votre présentation plus vivante, vous allez faire alors des disgressions, apporter des précisions, raconter des anecdotes. Le problème c'est que votre présentation n'intègre pas vos changements, vos digressions ou vos anecdotes. Il faut savoir que coordonner un flux de paroles avec la nature séquentielle des diapositives est délicat.

Très vite hélas, forcément, inéluctablement, il va falloir faire un choix : abandonner le chemin imposé, balisé par votre présentation ou le reprendre et laisser tomber vos petits commentaires pleins de spiritualité et vos belles histoires pertinentes. Dommage !

> **Si la religion est l'opium du peuple, PowerPoint est celui du cadre.**
> Haladjian Rafi
>
> Devenez beau, riche et intelligent grâce à PowerPoint, Excel et Word - Éditions d'Organisation - 2003

AND THE WINNER IS...

En voyant un collègue plongé dans la lecture de son journal, vous vous resaississez ! Attention, ça va cogner ! Vous commencez alors à surjouer votre présentation, votre voix se fait plus forte, vos gestes plus vifs, le moindre de vos propos devient une revendication. Vous vous emballez, vous exagérez... Le public vous regarde bizarrement... Et oui, ça y est, vous tombez dans le ridicule.

C'est l'échec, retentissant !

BEN ALORS ?

C'EST FOUTU...
POWERPOINT M'A TUÉ...

Ce n'est pas parce que beaucoup de présentations sont ennuyeuses et inefficaces que l'on ne peut pas faire autrement ! Stop ! Il est grand temps de passer à autre chose !

Non, une présentation PowerPoint n'a pas nécessairement des listes à puces interminables, sur 5 niveaux ! Non, il n'est pas pertinent d'intégrer dans vos diapositives du texte dense en taille 10 ! Non et encore non, il n'est pas judicieux d'incorporer des tableaux Excel en file indienne ! Et puis, arrêtez avec ces animations qui donnent le tournis à chaque changement de slide ! Par pitié, supprimez votre pratique intempestive du Copier/Coller qui dénature vos présentations, les rendant incohérentes en plus d'être impersonnelles ! Retrouvez votre rôle, redonnez du sens à vos diapositives. On râle, on en a ras-le-bol de ces présentations horribles ? On peste contre PowerPoint ?

Changeons nos pratiques ! Ce n'est pas la faute à l'outil mais plutôt à l'usage que l'on en fait !

Un outil reste un outil...
À l'utilisateur de savoir le manier !

CE LIVRE EST FAIT POUR VOUS SI...

☑ Vous vous êtes reconnu dans les pages précédentes.

☑ Vous souhaitez changer vos pratiques et donner une plus-value à vos présentations

☑ Vous avez l'envie de lire la suite

RÉFLEXION

FAITES...

POWERPOINT VRAIMENT ?

Trop de mots sur une diapositive l'empêchent d'être une aide visuelle. L'auditoire lit les diapositives au lieu de porter l'attention sur le présentateur qui, lui-même, lit ses diapositives au lieu d'établir une relation avec l'assistance. N'aurait-il pas été plus judicieux dans ce cas de remplacer cette présentation par un document papier bien structuré ?

Les mauvaises habitudes ont la vie dure et il est difficile de les changer. En tout cas, dites-vous que l'auditoire écoute ce que dit le présentateur ou lit directement les diapositives mais ne fait et ne peut faire les deux à la fois. Pourquoi ? Parce que les gens ont tendance à se concentrer sur un courant de communication à la fois. Lire et écouter sont deux activités conflictuelles.

Par contre, il est déjà plus naturel de faire simultanément attention à la communication orale et à la communication visuelle. Ce qui explique pourquoi les bonnes présentations sont celles qui servent d'aide visuelle pour comprendre et renforcer le message oral de l'orateur.

Il peut être parfois opportun d'utiliser beaucoup de texte, mais dans ce cas, il s'agit de choisir le bon média ! Trop souvent, PowerPoint sert à créer des documents et non pas des présentations.

Donc avant votre prochaine présentation, posez-vous la bonne question :

AI-JE VRAIMENT BESOIN DE CRÉER UNE PRÉSENTATION POWERPOINT ?

DIAPODOCUMENT

UN CONTENU DENSE DANS UNE PRÉSENTATION SERT DE DOCUMENT DE DISCUSSION : C'EST UN DIAPOCUMENT.

Une diapositive qui contient plus de 75 mots est un document. Vous pouvez en diminuer le contenu et mettre le surplus dans les notes bien sûr... Vous pouvez aussi admettre qu'il s'agit d'un document et non d'une présentation. Dans ce cas, organisez une réunion et faites circuler le diapocument au format papier en amont ou donnez-le à lire aux participants en début de réunion. Le reste de la réunion sera utilisé pour discuter du contenu et construire le plan d'action. Mais au fait, pour créer ce type de document, pourquoi ne pas utiliser Word, logiciel de traitement de texte efficace, notamment pour la gestion de texte long ?

Utilisez le bon outil de la bonne manière !

PROMPTEUR

LE TEXTE DE LA DIAPOSITIVE SERT DE BÉQUILLE AU PRÉSENTATEUR. L'AUDITOIRE LIT LES DIAPOSITIVES OU ÉCOUTE L'ORATEUR.

Les présentations avec une cinquantaine de mots par diapositive servent de téléprompteur. Cette approche peu engageante est souvent le résultat du peu de temps accordé à revoir le contenu et à préparer le discours. C'est le schéma des plus classiques, générant l'ennui du public et une mauvaise performance de l'orateur. Peu sera retenu et en aucun cas ce type de prestation sera mémorable. PowerPoint peut être utilisé mais après un gros travail de synthétisation du texte, une transformation visuelle des idées et une exploitation de la zone de notes et du mode Présentateur.

PRÉSENTATION / DIAPORAMA

LES DIAPOSITIVES SERVENT DE SOUTIEN VISUEL EFFICACE POUR RENFORCER LE MESSAGE DU PRÉSENTATEUR.

Les véritables présentations se focalisent sur le présentateur et les idées et concepts qu'il souhaite communiquer.

Les diapositives renforcent visuellement le contenu sans distraire l'attention, permettant à l'auditoire de se concentrer sur les deux.

Là, vous faites vraiment du PowerPoint !

C'ÉTAIT
MIEUX AVANT...

AVANT POWERPOINT...
Y AVAIT PAS POWERPOINT !

Le plus grand frein au changement, c'est la force des habitudes, on l'a dit et redit... on le redit encore ! Si votre entourage professionnel est victime d'une forte addiction au logiciel PowerPoint et l'utilise à tout-va, il est normal bien sûr que vous ayez tendance à vous plier à ce comportement et à vous dire qu'une réunion sans PowerPoint c'est comme un anniversaire sans gâteau : c'est nul ! Et vous en ferez votre principal support d'écriture, comme tous vos collègues... naturellement.

Votre usage de PowerPoint devrait pourtant se limiter aux cas où il peut véritablement répondre à un besoin, par exemple celui d'illustrer vos propos. Si la réunion de présentation porte sur le design d'un produit par exemple ou sur l'architecture d'un bâtiment ou sur tout sujet à dominante visuelle, alors oui, il est clair que PowerPoint trouve naturellement sa place et apporte une valeur ajoutée indiscutable.

Dans les autres cas, nombreux, avant de décider ou non d'utiliser des diapositives, posez-vous clairement la question : « En quoi une présentation peut être utile dans ma démonstration et dans la compréhension de mon message ? » Si la réponse n'est pas évidente, c'est peut-être que la réunion programmée a comme but plus de résoudre un problème ou de discuter d'un point précis que de présenter quelque chose. Il peut être préférable de favoriser l'échange et la discussion plutôt que de mettre vos collègues en mode passif.

Génial ! Une note de synthèse !!!

MY LITTLE
NOTE DE SYNTHÈSE
IS RICH

L'avantage de la note de synthèse est multiple. D'une part, elle vous donne l'occasion de faire l'effort de compréhension globale du sujet. Vous vous devez de comprendre l'ensemble de l'information pour la résumer. La note de synthèse exige de prendre du recul.

Une note de synthèse est plus riche en informations et présente les problèmes de manière argumentée et cohérente, elle permet à votre lecteur d'être en possession de plus d'éléments, présentés de manière linéaire et donc plus facile à comprendre pour le lecteur.

L'usage de la note de synthèse est également plus pertinent dans une optique d'archivage. En effet, la compréhension d'une présentation PowerPoint nécessite un partage du contexte entre vous et le destinataire, du fait même de l'extrême concision du contenu PowerPoint.

Si le contexte évolue ou que le récepteur n'est plus le même, alors les risques d'incompréhension et de malentendus sont augmentés, car le contexte n'est plus partagé. Conserver des présentations PowerPoint dans l'idée d'archivage risque d'être sources de problèmes !

OUI...

MAIS NON !

OUI

NON

PowerPoint est efficace, la preuve !

Au bout de 72h, on retient 10% des informations communiquées à l'oral, 35% des informations visuelles. Lorsque les deux sont combinés, ce que permet PowerPoint, l'effet est démultiplié et on passe à 65% !

Source : L. J. Najjat, Principles of educational multimedia user interface design - 1998

10%

OUI : j'ai bien conscience que je n'utilise pas toujours PowerPoint de la bonne manière.

OUI : j'ai bien compris que mon faible niveau technique avec le logiciel ne m'aide pas dans son exploitation optimale.

OUI : je crée très souvent des PowerPoint en faisant des Copier/Coller de diverses présentations sous le coude. Cela nuit fortement à la pertinence générale de mes présentations, mais dans ma boîte on fait tous ça !

OUI : j'utilise PowerPoint à tour de bras, comme mes collègues d'ailleurs, sans que parfois cela se justifie...

OUI : tout ceci est vrai !

NON : je ne veux pas renier le logiciel !

NON : je ne pense pas que PowerPoint soit totalement abrutissant et ne soit d'aucune utilité pour la transmission de mes messages !

NON : je ne souhaite pas baisser les bras, pensant qu'avec une nouvelle méthodologie de travail et des compétences techniques plus solides sur le logiciel, je pourrais faire des miracles.

NON : Tout ce qui a été dit ne m'a pas radicalement dégoûté du logiciel !

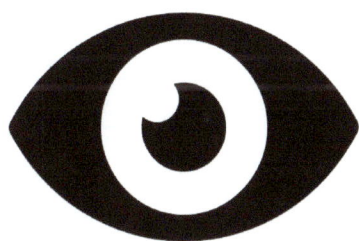

ET TOI ALORS !

MY NAME IS VIGOUROUX
GÉRALD VIGOUROUX

Je m'appelle Gérald VIGOUROUX et depuis maintenant plus de 17 ans j'exerce le métier de formateur consultant en Communication imprimée et visuelle. Depuis toutes ces années, j'ai pu former des milliers de stagiaires, de l'assistante de direction au styliste en passant par les services commerciaux ou marketing des entreprises. Ma première rencontre avec PowerPoint ne fut en aucun cas un coup de foudre... Comme beaucoup d'utilisateurs, ce logiciel était pour moi un logiciel bureautique, assez simple, voir simpliste, permettant de créer des supports concis, efficaces certes mais peu esthétiques... Un logo, des puces et pas mal de texte, une image placée deci delà, quelques cliparts et une animation lourdingue : voilà un bon résumé de mes premières œuvres. Cela ne semblait choquer personne à l'époque, ni moi, ni mon public. C'est donc avec cet état d'esprit que j'ai effectué mes premières formations sur PowerPoint... Autour de moi, j'entendais très régulièrement les commentaires, plutôt négatifs, de mes collègues formateurs sur PowerPoint : « 2 jours de formation sur PowerPoint ! Pfff, pour ce qui a à dire, une journée, c'est suffisant ! », voilà le genre de réflexion qui revenait assez souvent... Et puis un jour, lors d'une intervention sur PowerPoint auprès d'un client, un stagiaire m'a posé LA question : « Gérald, pourquoi on est obligé de faire des présentations moches ? ». C'est vrai, je n'y avais même pas songé, étant pourtant formateur en PAO ! C'était il y a plus de 10 ans, et cette question anodine fut pour moi le déclencheur d'une réflexion autour du logiciel, réflexion qui se poursuit aujourd'hui... à travers ce livre.

UN CONSTAT
LA BUREAUTIQUE À PAPA C'EST FINI !

1

Les attentes des stagiaires et donc des entreprises en matière de formation ont fortement évolué ces dernières années, les problématiques professionnelles étant aujourd'hui en pleine mutation. Le domaine de la Bureautique vit actuellement un grand bouleversement : la production bureautique se doit aujourd'hui d'être fortement communicante. Il ne suffit plus de produire simplement un rapport sous Word ou un tableau sur Excel, il ne suffit plus de construire un diaporama à puces sous Powerpoint : ces productions se doivent d'être attractives visuellement, d'avoir de l'impact, une identité visuelle maîtrisée. Cela suppose de connaître des notions qui dépassent largement le thème de la Bureautique classique, se rapprochant ainsi de celui de la communication.

UNE ÉVOLUTION
LA BUREAUTIQUE COMMUNICANTE !

2

Cette évolution, logique (nous sommes dans un monde où le visuel tient une place de plus en plus prépondérante), s'inscrit en parallèle avec l'évolution des outils Bureautique. Le pack Office, depuis 2007, a profondément changé, offrant des fonctionnalités permettant d'effectuer des productions hautement graphiques et dynamiques. Nous évoluons donc vers ce que j'appellerai la « Bureautique communicante ».

Une offre adaptée
à vos besoins !

FORMATIONS PRÉSENTIELLES

DIAPO DESIGN

Les clés d'un diaporama réussi

SLIDEDOCS

Concevoir des documents
PowerPoint efficaces

FORMATIONS DIGITALES

MY NEXT SUCCESS

www.geraldvigouroux-formation.com

YOUTUBE

Gérald VIGOUROUX Formation

CONCEPTION DIAPORAMA

MY NEXT SUCCESS

www.geraldvigouroux-formation.com

COMMUNAUTÉS & RÉSEAUX SOCIAUX

CLARIFIONS
D'ABORD !

POURQUOI ?

UNE PRÉSENTATION ?
POURQUOI FAIRE ?

Avant de vous mettre en quête des idées, informations, visuels, graphiques… qui serviront votre cause, il est important de définir précisément l'objectif de votre présentation. Sans tomber dans un questionnement métaphysique, posez-vous cette question : qu'est-ce que vous allez faire debout devant un public ? Pourquoi ces gens sont-ils venus vous écouter ?

À la fin de ma présentation, je veux que le public sache…

Il existe trois grandes catégories de présentations ayant chacune des buts bien différents...

MOBILISER

L'objet de la présentation sera de mettre en mouvement les protagonistes, de définir un plan d'actions, de construire un échéancier.

CONVAINCRE

Il s'agit de rallier l'auditoire à votre cause en proposant des orientations que vous argumenterez. L'objet de la présentation est d'entériner un point de vue.

INFORMER

L'objet est de présenter et de délivrer des informations. Il n'y a pas de décision à prendre, ni de points à trancher dans ce type de réunion. L'orateur apportera toute la pédagogie nécessaire à la bonne appropriation du sujet par l'auditoire.

QUOI ?

FORMULER SON MESSAGE CLÉ
LE PITCH

Si vous n'aviez qu'une minute pour convaincre votre public, quelle serait la phrase qui résumerait le mieux votre message ? Cet exercice est important, pas aussi facile que l'on pourrait le croire, mais nécessaire.

Il est primordial que les choses soient claires dans votre tête pour que vous ne vous trompiez pas d'histoire.

Pour atteindre notre objectif, notre phrase doit répondre à trois questions bien précises : De quoi parle-t-on ? Comment allons-nous procéder ?

Pour générer quoi ?

En répondant à ces trois questions, nous allons construire le Message clé de la présentation encore appelé le Pitch.

Le Pitch se doit d'être convaincant, concis, clarifiant et stimulant. Il doit donner l'envie d'aller plus loin, d'en entendre plus car il formule la réponse à nos préoccupations par son caractère concret et sa capacité à aiguiser notre curiosité.

Je vous propose...

DE QUOI PARLE-T-ON ?

Dans cette partie nous allons décrire l'idée, le concept, adopter un esprit « vendeur » qui donne envie et fait rêver, et indiquer ce qui va changer.

Plusieurs essais seront nécessaires avant d'obtenir un résultat probant. À chaque proposition, mettez-vous à la place du public et demandez-vous si vous avez envie d'en savoir plus ? Si la réponse est non, alors procédez à un essai supplémentaire.

Grâce à...

COMMENT ALLONS-NOUS PROCÉDER ?

Dans ce paragraphe, seront évoqués les moyens, le dispositif à mettre en place, les actions nécessaires. Nous allons décrire la façon dont le concept va se mettre en œuvre.

L'objet de cette section est de préciser comment les choses vont se dérouler et d'identifier un plan d'action.

Afin de...

POUR GÉNÉRER QUOI ?

Il nous faudra ensuite identifier la valeur ajoutée, les bénéfices utilisateurs, la réponse au besoin exprimé.

Il s'agit ici de la valeur dégagée par le concept.

L'ARTICULATION

Une fois les trois questions renseignées, nous les relions entre elles pour formuler le pitch.
Pour cela, des mots ou des expressions courtes sont utiles.

- Je vous propose / Je vous offre / Découvrez
- Grâce / À l'aide de
- Dans le but / Qui génère

LE TEST DE L'ASCENSEUR

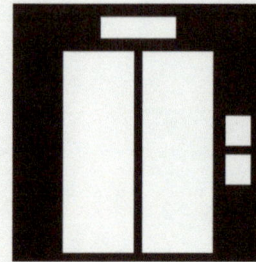

MY PITCH IS THE BEST...
FAITES LE TEST !

Vous êtes salarié d'une entreprise. Vous mettez les pieds dans un ascenseur dans lequel une autre personne se trouve déjà. Pour briser le silence, cette personne vous demande si vous travaillez dans l'édifice. Que ce soit le cas ou non, elle vous offre l'occasion de lui parler de votre travail. Seriez-vous en mesure de lui décrire succinctement et clairement ce que fait votre entreprise avant qu'elle ne débarque sur son étage ?

Bien sûr que oui, me direz-vous.

Alors, faites-en le test et voyez combien de temps vous est nécessaire pour répondre à la question. Si vous constatez que vous ne parvenez pas à cerner ce que vous faites en moins d'une minute, il y aurait sans doute lieu pour vous et vos collègues de vous pencher sur le positionnement de votre entreprise.

Un positionnement vous permet de vous « installer » dans l'esprit de votre public de façon claire et précise. Il décrit ce que vous faites, ce qui vous distingue de vos concurrents ou ce qui vous rend digne d'intérêt, en une phrase ou deux. Votre positionnement peut ensuite agir comme message d'introduction auprès de tous vos interlocuteurs. Il a aussi l'avantage de pouvoir rallier vos employés et vos bénévoles autour d'un message cohérent et commun.

clarté

concision

cohérence

crédibilité

À QUI ?

POUR INTÉRESSER UN AUDITOIRE
INTÉRESSEZ-VOUS À LUI !

Dans la vie de tous les jours, vous adaptez votre discours en fonction de votre interlocuteur.

Que pensez-vous d'un vendeur qui ne se souvient pas du profil, des préoccupations et des motivations de ses clients ? Il va falloir faire la même chose avec votre présentation ! Car si vous ne tenez pas compte de l'auditoire lors de la préparation de votre présentation, les personnes vont s'ennuyer car elles ne se sentiront pas concernées : vous parlerez dans le vide !

Commencez déjà par oublir la fonction Copier/Coller ! Si vous aviez l'intention de récupérer une ancienne présentation sur une thématique proche, c'est raté !

Votre public est certainement différent, le contexte a changé, vous n'étiez peut-être même pas le présentateur du précédent diaporama !

Avant de parler de quelque chose, on parle à quelqu'un !

? **Quels métiers, fonctions et niveaux de responsabilités ?**

Nous prenons des exemples qui leur sont familiers !

? **Quelle est la culture ou les valeurs qui dominent ?**

Nous sommes attentifs à ne pas heurter croyances et habitudes !

? **Qui sont-ils par rapport au sujet ?**

Ce que vous dites doit correspondre au niveau de connaissance et d'expérience du public. Pas de jargon technique !

? **Qui sont-ils par rapport à moi ?**

Repérer les points communs avec le public pour créer du lien !

? **Quel est leur état d'esprit ?**

Si le public est sceptique, savoir ce qui le fait douter !

? **Quelle est la taille du groupe ?**

Moins il y a de participants, plus votre intervention doit être spécifique !

MON PUBLIC, MON HÉROS

TOI HÉROS
MOI MENTOR

Réfléchissez bien à la relation que vous voulez établir avec votre public ! C'est vous le héros ? Non, vous n'êtes qu'un mentor ! Le, les héros, ce sont eux, chaque membre de votre public : ce sont eux qui ont le plus à gagner de votre intervention, ce sont eux qui vous écoutent, ce sont eux qui parleront de ce qu'ils auront appris grâce à vous, ce seront eux les porte-paroles, ce sont eux qui agiront !

Vos héros ont beau être tous réunis dans une même salle, ils ne constituent pas pour autant une masse homogène. Au lieu de penser votre auditoire comme à un groupe de personnes identiques, imaginez qu'il s'agit d'une série d'individus qui attendent de vous parler individuellement.

Le but est que chaque membre sente que vous vous adressez à lui personnellement, ce qui retiendra leur attention.

Un auditoire est un groupe temporaire d'individus qui pendant environ une heure, n'ont qu'un point commun : votre présentation ! Ils écoutent tous le même message au même moment, pourtant chacun d'entre eux le comprendra différemment, en retirera des informations distinctes et n'accordera pas la même importance à la même chose. Vous devez faire connaissance avec votre public : chacun d'entre eux a des talents uniques, des points faibles ! Ne pensez pas à vous mais à eux !

C'est qui le héros, hein ?

Le rationnel

Orienté résultat, il donne aux chiffres et aux données techniques une grande importance. Il est sensible à la logique, au factuel, à la précision.

L'explorateur

Imaginatif, il est sensible à la nouveauté, à l'inédit, au risque, à l'essentiel, à la synthèse.

Le prudent

Organisé, il est centré sur les moyens et l'aspect pratique de ce qu'on lui présente, il aime l'ordre, la sécurité, l'utile, le respect aux règles, les détails.

Le relationnel

Affectif, l'aspect humaine est pour lui prioritaire, il est sensible aux ambiances, au ressenti, à l'échange, au sensoriel et à l'émotion.

La connaissance de votre auditoire vous donnera une aide précieuse et vous permettra de trouver l'angle ! Ses besoins, ses préoccupations sont autant d'indices qui vous permettront d'identifier le ou les bons angles.

Un angle, c'est la manière dont vous allez aborder votre sujet. Un angle vous permet de créer un lien avec votre public car il est choisi en fonction de son profil. Un angle vous permet de concevoir une architecture cohérente pour la présentation, d'éliminer les données superflues et inutiles.

LE RETOUR DU JE DIS...

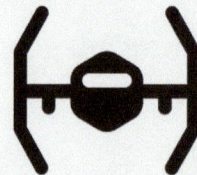

LA FORCE ?
MES ARGUMENTS !

Votre rôle en tant que mentor est d'influencer le héros. Le mentor doit transmettre au héros des informations importantes, utiles et jusqu'alors ignorées.

Vous devez également motiver le héros lorsqu'il montre des signes de craintes, de fatigue, de faiblesse ou d'hésitation et lui fournir toute l'aide possible.

Il s'agira donc d'argumenter pour mettre en confiance, pour rassurer, pour transmettre la force ! Un bon argument doit être compris rapidement.

Il y a trois niveaux d'argument : la caractéristique, l'avantage et le bénéfice.

CARACTÉRISTIQUE
Elle décrit une particularité. Elle est observable et mesurable.

AVANTAGE
Il est la conséquence de la caractéristique.

BÉNÉFICE
Il représente le profit dû à l'utilisation de l'avantage. Il répond au souhait, à l'attente.

Que la force soit avec toi !

![icône] **ASSISTANCE**

Quels conseils et quelles connaissances peuvent
les aider ?

![icône] **CONFIANCE EN SOI**

Comment renforcer leur confiance en soi pour qu'ils
n'hésitent plus à passer à l'action

![icône] **OUTILS**

Quels outils, compétences ou atouts leur donnez-vous ?

OÙ ?

TU VOIS QUELQUE CHOSE TOI ?
NON ET TOI ?

Vous pouvez animer des présentations dans différents types de lieux : bureau, salle de réunion, amphithéâtre...

Chaque configuration apporte ses propres contraintes, auxquelles vous devrez vous soumettre.

Il vous faudra respecter trois grands principes : être lisible, être audible et rester en connexion avec l'auditoire.

Pour se rassurer, il faut écarter tous les imprévus possibles et imaginables.

LE TEST GRANDEUR NATURE

Ce test permet de vérifier que tout fonctionne comme prévu.

Tout doit être éprouvé comme si vous y étiez ! Placez votre présentation sur l'ordinateur qui diffusera votre présentation. Si c'est le vôtre, connectez-le au dispositif. Asseyez-vous au fond de la salle et déroulez vos diapositives. Est-ce que tous les textes sont lisibles ? Est-ce que vous entendez le son de la vidéo que vous comptez diffuser ? Placez-vous sur l'estrade et demandez à une personne de s'asseoir au dernier rang. Vous entend-elle ?

Il est impératif que le public puisse vous entendre, vous lire et rester en connexion avec vous.

LE BUREAU

TAILLE DU BUREAU : 3 mètres par 3 mètres.

DISPOSITIF DE PROJECTION : un écran d'ordinateur de 20 pouces peut convenir. Les écrans d'ordinateurs portables sont un peu justes en taille et ne permettent pas toujours de distinguer correctement ce qui est affiché, surtout si vous êtes sur le côté.

RECUL : jusqu'à 1,5 mètre l'éloignement est acceptable. Au-delà, la lisibilité peut devenir problématique. Faites un test !

TAILLE DES POLICES : pour garantir un confort de lecture convenable, il est conseillé de ne pas utiliser de polices inférieures à 18 points de hauteur.

NOMBRE DE PERSONNES : l'objet de ce type de réunion étant de rester en comité restreint, il est préférable de limiter le nombre de participants à 5 ou 6 au maximum.

INTERACTIONS AVEC L'AUDITOIRE : la proximité facilite grandement les échanges. Des séances de questions/réponses peuvent s'intercaler au fil de l'eau car le nombre d'interlocuteurs est limité.

MAIS OÙ ?

LA SALLE DE RÉUNION

TAILLE DE LA SALLE DE RÉUNION : 5 mètres par 8 mètres.

DISPOSITIF DE PROJECTION : un vidéoprojecteur s'impose pour ce type de présentation.

RECUL : un éloignement jusqu'à 8 mètres est acceptable pour cette taille d'écran. Au-delà, le confort se dégrade.

TAILLE DES POLICES : pour garantir un confort de lecture convenable, il est conseillé de ne pas utiliser de polices inférieures à 24 points de hauteur.

NOMBRE DE PERSONNES : il est possible d'inviter un auditoire plus conséquent, de l'ordre de 10 à 15 personnes.

INTERACTIONS AVEC L'AUDITOIRE : la proximité et le nombre d'interlocuteurs permettent des échanges. Il faut toutefois que l'orateur canalise les prises de parole.

CONNEXION AVEC L'AUDITOIRE : la configuration de la salle oblige très souvent l'orateur à se positionner d'un côté de l'écran, face au public et dos à l'écran. Le présentateur est obligé de connaître sa présentation sur le bout des doigts s'il souhaite rester en contact avec son auditoire.

Imaginez toujours les possibilités offertes de connection avec le public ! Pas toujours si simple...

L'AMPHITHÉÂTRE

TAILLE DE L'AMPHITHÉÂTRE : 15 mètres par 30 mètres.

DISPOSITIF DE PROJECTION : un vidéoprojecteur s'impose pour ce type de présentation.

RECUL : un éloignement jusqu'à 30 mètres est acceptable pour cette taille d'écran. Au-delà, la lisibilité se dégrade.

TAILLE DES POLICES : dans ce type de configuration, il est conseillé de ne pas utiliser de polices inférieures à 30 points de hauteur.

NOMBRE DE PERSONNES : il est possible de recevoir plus d'une centaine de personnes dans un amphithéâtre de ce type.

INTERACTIONS AVEC L'AUDITOIRE : le nombre de personnes complique les interactions avec le public. Les échanges sont difficilement possibles. Il est préférable de prévoir une plage horaire destinée aux questions/réponses.

CONNEXION AVEC L'AUDITOIRE : la configuration de la salle peut positionner l'orateur sur une estrade légèrement au-dessus du public. Le présentateur reste principalement en connexion avec les premiers rangs.

ÉLÉMENTS
STRUCTURANTS

PREMIERS
INSTANTS...

TU AS VU IL A SA CRAVATTE DE TRAVERS !
OÙ EST LE BUFFET ?

Quelle est la première chose que vous voulez montrer à votre public ? Quelle première impression souhaitez-vous lui donner ? De quelle humeur voulez-vous qu'il soit à la fin de votre introduction ? Ces choix ne dépendent pas uniquement de ce que vous dites mais aussi de ce que vous faites où vous montrez ! Vous pouvez influencer l'humour de votre auditoire par un usage avisé de l'image qui occupe l'écran à leur entrée dans la salle ou de votre entrée sur scène.

La première impression se base, pendant quelque temps, sur ce que le public voit. Il ne faut que quelques secondes à votre auditoire pour vous cataloguer et décider s'ils vous laisseront les captiver ou pas ! Vous serez jugé dès les premières secondes : elles sont donc cruciales !

Pas de panique ! Ah si vous pouviez lire dans les pensées de votre public quand il rentre dans la salle... Vous seriez peut-être surpris d'ailleurs ! Dédramatisons directement : il suffit de lire les commentaires sur les réseaux sociaux pour comprendre que ces pensées peuvent être futiles et superficielles. Du genre « Où sont les toilettes ! », « Zut, j'ai oublié de faire sortir le chien ! »,

« Vivement le déjeuner, j'ai faim ! » Donc pas la peine de vous mettre non plus trop la pression !

Faites bonne impression !

80%

80% DES ORATEURS COMMENCENT AINSI...

Ils s'avancent vers le public, le saluent, le remercient de sa présence, disent qu'ils sont ravis d'être là. Ils se tournent ensuite vers la slide qu'ils ont projeté et commencent à commenter le programme qui se présente sous la forme d'une liste à puces.

Sachez que si vous faites cela, c'est mort pour votre présentation et l'intérêt de votre présentation tombera à néant !

Pourquoi ? Tout simplement parce que 80% des orateurs font exactement la même chose et que vous allez ni vous différencier ni marquer les esprits de votre public (qui, instinctivement, sait qu'il va devoir subir une énième présentation au lieu d'y participer !)

Une bonne première impression permet à l'auditoire de s'identifier à vous et à votre message !

EFFET PUNCH

CHAUFFEZ LA SALLE
APRÈS AVOIR PRIS LA TEMPÉRATURE

On a souvent du mal à commencer une présentation, on s'embourbe dans les remerciements, on expose son sommaire, on hésite...

Pourtant il est crucial de commencer avec punch et éclat ! Gagner l'attention de son public se fait dès les premières minutes de la présentation. Alors comment commencer avec impact et s'assurer d'une bonne connexion avec son auditoire ?

Tout comme une bande annonce de film va donner ou non envie de voir le film et prédisposer favorablement ou non les spectateurs, vous avez tout intérêt à rendre l'idée même d'assister à votre présentation attractive.

Il faut faire en sorte de favoriser l'attention de votre public en leur donnant l'envie d'en savoir plus, de générer une situation d'attente !

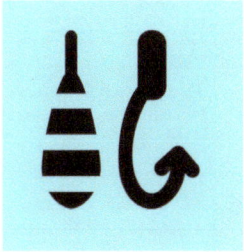

LE PITCH DE PRÉSENTATION

PRINCIPE

Il a la vocation d'être convaincant, précis et clarifiant. Il donne l'envie d'aller plus loin, d'en entendre plus car il formule la réponse à nos préoccupations.

QUAND ?

Dès les premiers instants de votre intervention !

ÉTAPE 1 : L'ACCROCHE

Appâtez-les ! N'hésitez pas à extraire de votre présentation un élément fort qui éveillera l'attention ou la curiosité de votre public.

ÉTAPE 2 : MESSAGE CLÉ ET BÉNÉFICE(S)

Définissez clairement la thématique selon une forme qui trouve un écho chez votre public. Trouvez l'angle de traitement de votre intervention qui suscitera le plus son intérêt, suivant qui est le public. Après avoir cadré le thème général de votre intervention de manière pertinente par rapport à votre futur public, annoncez le bénéfice produit de votre présentation.

5 TECHNIQUES D'ACCROCHE ET PLUS...

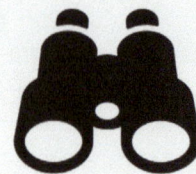

SURPRENEZ VOTRE AUDITOIRE AVEC
UN CHIFFRE CONTEXTUALISÉ OU UNE STATISTIQUE RÉCENTE

Un chiffre phare et contextualisé ou une statistique révélée par une étude récente (en lien naturellement avec votre sujet) est un excellent moyen de capter l'attention dès les premières secondes de votre intervention.

INTERPELLEZ VOTRE AUDITOIRE AVEC
UNE HISTOIRE COURTE

Commencez par raconter une courte histoire, une anecdote ou par présenter une étude de cas. Cela est très efficace et intéresse le public ! Les histoires interpellent, elles encouragent l'écoute, elles parlent aux émotions. Elles sont également facilement mémorisables et le partage d'expérience donne toujours de riches résultats. Cela doit naturellement être lié à votre sujet et ne doit pas dépasser 1'30.

Un slogan   Une citation

ACTIVEZ VOTRE AUDITOIRE AVEC
UNE QUESTION / UN QUIZ

Cette question doit amener vers votre sujet de façon à assurer un enchaînement logique et structuré. Le quiz est intéressant comme technique d'accroche car il permet d'entrer rapidement en relation avec l'auditoire et de faire participer un certain nombre de ses membres. Le quiz doit appeler à une réponse non développée (un ou deux mots). Il permet également une excellente entrée en matière de votre sujet. Cette technique n'est pas adaptée à tous les publics (on l'évite avec son boss, ses prospects, ses clients), on la favorise plutôt pour l'animation d'une formation ou lors d'une conférence.

EMPORTEZ VOTRE AUDITOIRE AVEC
UNE QUESTION RHÉTORIQUE

Posez une question rhétorique (affirmation énoncée sous la forme d'une question). La question rhétorique va aider votre auditoire à visualiser votre sujet et à se projeter dans votre présentation. Invitez-le à « Imaginer ». Le simple fait de formuler ainsi votre accroche, va emmener votre public dans une dimension de visualisation forte. Il sera captif et actif car vous lui demandez concrètement de participer et d'échanger avec vous. Appuyez bien votre intonation sur la formule « Imaginez » pour exprimer votre invitation. Sachez que l'accroche sous forme de question rhétorique marche bien. Elle sert en effet à conduire le public à donner la réponse attendue, donc a être en accord avec vous, à affirmer un propos.

ENCOURAGEZ VOTRE AUDITOIRE À
LEVER LA MAIN

Il s'agit ici de poser une question qui appelle à un comparatif (toujours liée au contexte de votre sujet). Cette technique favorise la participation active de votre auditoire dès les premières secondes de votre présentation.

Un sondage   ▶ Une vidéo

ARGHHH UN SOMMAIRE !

ELLE EST MOCHE CETTE DIAPO !
EUH, C'EST MON SOMMAIRE !

Elle arrive toujours en début de présentation, mais pourquoi est-elle toujours ennuyeuse ?

Vous voyez-bien à quoi je fais allusion ? La fameuse slide noircie de liste à puces qui présente l'ordre du jour et qui annonce la couleur des sujets à aborder et du type de moment que l'on va passer !

La slide « Sommaire ou Agenda » ne doit pas être une slide « morte » : elle a au contraire un rôle très précis... Plus que d'informer du déroulé de la présentation et de son contenu, les points et sujets que l'on va aborder, la slide « Sommaire » donne le « La » et le ton de la présentation.

C'est bien grâce au design que l'on aura choisi, que l'auditoire, comprendra de façon sous-jacente, à quel type de présentation il va assister et quel type d'orateur il a, face à lui. D'emblée, il saura s'il va passer un bon moment, (oui, même s'il s'agit d'une présentation à enjeux, thèse, budget...) ou si la présentation va être ennuyeuse !

Attention ! Si vous êtes dans une perspective de Storytelling, c'est-à-dire que si vous voulez raconter une histoire à votre auditoire, la slide du sommaire ne doit pas exister.

La « slide sommaire » doit être simple, accrocheuse et graphique mais surtout « Light » : elle doit se travailler comme un « teaser »

Travailler le Design

Le design de cette slide préfigure également du design du reste de la présentation. Vous pouvez conceptualiser les mots clés des sections que vous présentez par des visuels illustratifs sélectionnés à bon escient ou bien utiliser des icônes (très tendance !)

Travaillez l'alignement de votre contenu de façon horizontale (comme une timeline) et oubliez la présentation verticale qui invite votre public à ne pas décoller les yeux de la slide et donc à ne pas vous écouter.

Synthétiser

Sections

Points

Contenu

Plus vous arriverez à synthétiser, plus votre public sera rassuré face à votre mode de présentation et plus il sera attentif.

Bosser le titre

La slide « Ordre du jour » arrive généralement après la diapositive titre : son design illustre son contenu, inutile donc de la surcharger avec le titre « Sommaire » ou encore « Ordre du jour », l'auditoire comprend de quelle slide il s'agit si elle est bien faite.

Intégrez plutôt un message qui présente le contexte de la présentation ou encore le mot-clé qui résume votre appel à l'action.

| Timeline | Hiérarchie | Titre action |

LA TÊTE ET LES PIEDS !

YA DES HAUTS !
YA DES BAS !

Attention, tout ceci concerne essentiellement les présentations informatives, qui vous serviront de supports papier, bref qui seront imprimées. Nous parlons donc de diapocument, se rapprochant plus du livre que du diaporama !

Utilisez le bas de page pour ajouter vos règles de confidentialité ou copyright qui décourageront les gens de diffuser vos secrets !

La circulation des grandes idées de votre entreprise sans mention de copyright présente un risque de vol d'idées. L'utilisation de haut et bas de page dans une présentation est encore plus importante que dans un livre. Parce que les diapositives peuvent être copiées, collées, et diffusées, vous voulez que l'information de copyright et de confidentialité voyage avec vos pages de diapositives.

En utilisant un « Haut et Bas de Page » dans PowerPoint, vous pouvez ajouter un bas de page dans la diapositive et un haut de page dans les notes. Ce réglage concerne également les numéros de page. Les présentations projetées ne montrent généralement pas les numéros de pages, mais ils sont impératifs dans un diapocument.

Le « haut de page » dans PowerPoint apparait uniquement sur la page des notes.
Ces éléments doivent se formater en Mode Masque (Onglet Affichage)

LES NUMÉROS DE PAGE

Les numéros de page permettent la navigation dans le sommaire.
Dans les réunions, quand vous discutez diapocument, faites référence
aux numéros de page pour que les gens aillent rapidement à la
bonne section. Les numéros de page doivent donc être lisibles pour y
faire facilement référence pendant la discussion.

DES SECTIONS ?
OÙ ÇA ?

EST-CE QUE J'AI UNE TÊTE DE SECTION !

Les têtes de section ou dispositions Section informent le public de leur entrée dans une nouvelle section. La tête de section est comme un nouveau titre de chapitre dans un livre. Vous savez que vous quittez un chapitre pour en commencer un nouveau.

À chaque fois que vous passez à une nouvelle section, utilisez une mise en page différente pour distinguer visuellement le changement.

La transition à une nouvelle section peut être montrée par la couleur, une mise en page spécifique, ou une typo mémorable. Quelle que soit la solution visuelle, elle doit être suffisamment visible pour montrer qu'on entre dans une nouvelle section. Il faut donc jouer avec le contraste.

Le contraste aide aux transitions claires et prépare le lecteur à savoir quoi attendre de chaque section. Différencier les sections visuellement aide le public à savoir quand il passe à un nouveau sujet. Il y a plusieurs mécanismes visuels que vous pouvez utiliser pour alerter le public qu'il est arrivé dans une nouvelle section.

LES ONGLETS

Dans les documents physiques, les onglets aident les lecteurs à passer rapidement à une nouvelle section. Vous pouvez utiliser des outils visuels qui copient les onglets sur vos diapositives pour aider les lecteurs à aller à n'importe quelle section à partir de n'importe quelle page de votre présentation.

CODE COULEUR

Chaque section peut avoir sa propre couleur.
Les diapositives peuvent être marquées de couleurs fortes dans chaque section.

MISE EN PAGE DISTINCTE

Quand nous passons à une nouvelle section du diaporama, le public découvre une mise en page différente. Par exemple, un fond de page différent, une organisation de blocs (titre / texte) spécifiques, une gestion particulière des images...

SOLUTION GRAPHIQUE

Vous pouvez utiliser un diagramme comme outil de navigation. Montrez les sections de manière démarquée et clairement écrite. Ensuite mettez en valeur la portion du diagramme qui identifie la section où vous êtes.

J'AI TOUT
OUBLIÉ !

C'ÉTAIT GÉNIAL MAIS
J'AI RIEN RETENU !

Souvenez-vous des heures et des efforts nécessaires pour retenir au mot près quelques pages d'un cours d'histoire. Fort de ce constat, il est illusoire de croire que votre auditoire va retenir dans les moindres détails le contenu de votre présentation.

Le processus de mémorisation s'appuie sur trois types de mémoires complémentaires entre elles : la mémoire Sensorielle, la mémoire à Court Terme, la mémoire à Long Terme.

En fonction du type d'information et du flux d'informations à traiter en entrée, la mémorisation est plus ou moins persistante dans le temps. Une chose est claire : trop d'informations pénalisent la mémorisation.

Que reste-t-il, après 72h...?

LIRE : 10%   **ENTENDRE : 20%**   **VOIR : 30%**

J'ai la mémoire qui flanche, je ne me souviens plus très bien...

MÉMOIRE SENSORIELLE

ODEUR
GESTE
SENSATION

MÉMOIRE COURT TERME

RAISONNEMENTS
CODAGE/DÉCODAGE
RECHERCHE D'INFORMATION

MÉMOIRE LONG TERME

STOCKAGE
DES CONNAISSANCES

Selon une étude de L.J. NAJJAR,
Principles of educational multimedia user interface design - 1998

VOIR ET ENTENDRE : 50%   DIRE : 80%   FAIRE : 90%

DON'T WORRY
BE HAPPY !

LE RÉSUMÉ

Intégrez les points essentiels dans un résumé pour rappeler au public les idées les plus importantes.

L'ACTIVITÉ

Testez si le lecteur a retenu ce que vous vouliez qu'il sache en incluant un quiz ou des feuilles de travail.

LE SUJET DE DISCUSSION

Mettez des questions provocantes à la fin de votre diaporama pour aider les lecteurs à réfléchir.

L'INFORMATION COMPLÉMENTAIRE

Liens vers des documents précis (forums, groupes de discussions, livres blancs) pour ceux qui veulent aller plus loin.

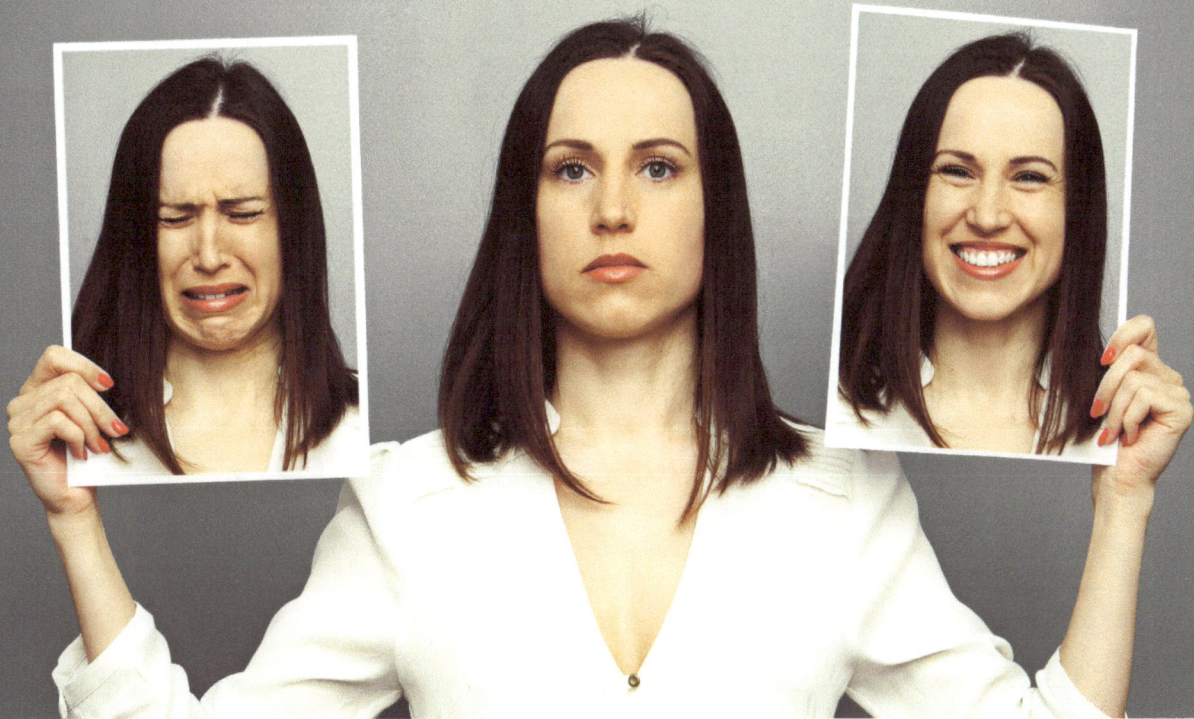

LE POUVOIR DE L'IMAGE

Travaillez lors de la construction des slides une mise en forme qui va permettre d'obtenir un impact à long terme. Faites-en sorte que cette mise en forme sollicite l'hémisphère droit du public (celui de la mémoire à long terme, appelé hémisphère de la mémoire et de la créativité) qui retient essentiellement les visuels associés aux mots car le cerveau favorise dans ce cas la projection. Il peut ainsi retenir jusqu'à 65% de l'information diffusée au bout de 72H.

Ainsi le cerveau voit, écoute, associe, se projette et transforme tout cela en expérience !

Les images (lorsqu'elles illustrent correctement un discours ou des messages clés), permettent à l'auditoire de se projeter car elles font appel à l'émotion, ce qui est beaucoup plus puissant que des mots seuls. Les images sont retenues dans la partie droite du cerveau qui fait appel à la mémoire à long terme (hémisphère dit de l'émotion et de la créativité). Et c'est pour cela que l'on parle de présentations mémorables (au sens mémoire). Ce qui n'est pas à négliger lorsque l'on présente une idée, un service ou un produit à un auditoire.

KEEP THE RYTHM...

ÇA VA TROP VITE
JE DÉCROCHE !

L'attention de votre auditoire est un élément à gérer car elle n'est pas infinie. La capacité d'attention commence à décliner généralement au bout de vingt minutes. Après ce laps de temps, vous allez commencer à identifier quelques signes de distraction dans l'auditoire. C'est à ce moment que vous allez devoir relancer la machine. Vous n'êtes bien sûr pas obligé d'attendre vingt minutes pour passer à l'acte, il est vivement conseillé de casser le rythme à chaque fois que vous le pouvez !

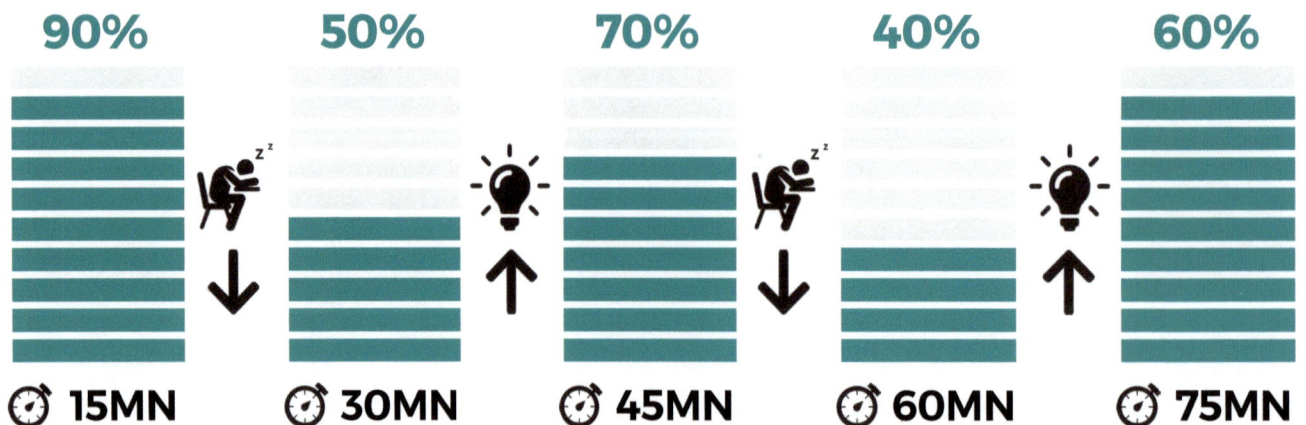

90%	50%	70%	40%	60%
15MN	30MN	45MN	60MN	75MN

Et ne perdez personne en route !

PAUSE

Cette technique consiste à interrompre le flux d'images et de diapositives à l'aide d'une diapositive noire ou blanche. Elle permet de libérer l'attention de l'audience et de la concentrer sur votre message verbal. Couper l'affichage du support est très facile : en pressant les touches « N » ou « B » du clavier, ce qui aura pour effet de diffuser une diapositive noire ou blanche. Il vous suffit de presser de nouveau l'un de ces boutons pour retourner à l'affichage de votre présentation.

RESPIRATION

Votre présentation doit être dynamique mais pas effrénée. Des temps de respiration sont nécessaires pour que le public puisse reprendre son souffle. Une technique consiste à insérer des diapositives quasiment vides entre deux séquences. Ces diapositives servent de slides d'introduction ou de transition. Vous les indiquerez dans votre story-board ou votre carte heuristique mais ne les compterez pas dans le nombre total de diapositives.

ET POURQUOI PAS !

UNE SÉQUENCE VIDÉO

UNE DÉMONSTRATION

JE VAIS
CONCLURE...

MERCI POUR TOUT ET...
À PLUS !

Nous avons présenté la thématique de l'accroche de façon à commencer votre présentation avec impact et de façon à capter l'attention de votre auditoire rapidement. Mais qu'en est-il de la fin ?

C'est une partie qui est souvent négligée chez un grand nombre d'orateurs, pourtant cette étape est tout aussi cruciale à travailler que celle de l'accroche. Pourquoi ? Tout simplement parce que c'est là que vous devez concrétiser l'objet de votre présentation.

Ne pas se rater est donc tout l'enjeu ! Évitez de conclure avec les traditionnels « Merci de votre attention » ou le légendaire « Avez-vous des questions ? », ce ne sont, en effet, que des indices (signaux) de fin, ils ne correspondent cependant pas à la fin d'une présentation percutante ! Incluez toujours suffisamment de temps dans le timing de votre présentation pour résumer les principaux points. Prenez le temps de rappeler vos messages - clés à la fin de votre présentation.

Liez votre conclusion au message d'accroche que vous avez énoncé au début de la présentation

ÇA DÉPEND !!!

Il est important d'adapter la conclusion en fonction du type de présentation.

POUR UNE PRÉSENTATION OÙ VOUS SOUHAITEZ MOBILISER...

Vous pourrez finir en listant les actions à mener à court terme, les acteurs qui doivent se mettre en mouvement et la date de la prochaine échéance : ce qui doit être fait, par qui, pour quand.

POUR UNE PRÉSENTATION OÙ VOUS DEVEZ PERSUADER...

Vous pourrez terminer votre présentation en énumérant tous les points où l'adhésion du public est souhaitée. Si vous avez été convaincant, la balance devrait pencher en votre faveur.

POUR UNE PRÉSENTATION OÙ VOUS DÉSIREZ INFORMER...

Vous pourrez vous contenter de rappeler les idées fortes de votre prestation et éventuellement proposer d'étendre le cercle des personnes à informer.

Procédez par étapes !

ÉTAPE 1

FAITES UN RÉSUMÉ COURT ET PERTINENT AVANT LA CONCLUSION DE VOTRE PRÉSENTATION ET L'APPEL À L'ACTION

Le résumé, c'est le passage en revue des idées principales que vous avez abordé.

C'est aussi une bonne indication pour votre public que la présentation prend fin.

ÉTAPE 2

DÉLIVREZ VOTRE CONCLUSION

Attention : la conclusion n'est pas votre message de clôture, mais elle le précède.

En clair, il s'agit ici de présenter les 3 principaux bénéfices du sujet que vous avez présenté.

Objectif : graver dans les esprits que votre sujet a un intérêt pour votre auditoire et qu'il n'a pas été vain de le présenter.

ÉTAPE 3

FAITES UNE DÉCLARATION DE CLÔTURE OU "CLOSING OPEN" QUI VA ÊTRE CONSIDÉRÉ COMME L'APPEL À L'ACTION

Le message de clôture vient boucler votre introduction ou votre accroche et doit transcrire votre objectif final.

C'est un résumé de votre message central et c'est surtout ce que vous voulez que votre auditoire retienne pour les 72 prochaines heures qui suivent votre présentation.

Il peut se présenter sous forme de slogan, de citation, de question, d'analogie, de comparaison... Cela peut aussi être une déclaration surprenante ou une promesse.

L'ART DU RÉCIT

LE BON PLAN

J'AI UN PLAN !
LE PLAN SUR LA COMÈTE !

Avant de vous plonger dans ce livre, vous aviez bien sûr vos propres méthodes pour construire votre plan. Peut-être était-ce celui que vous avez appris à construire sur les bancs de l'école, puis au collège et enfin à l'université, celui qui s'est tant de fois imposé à vous dans de nombreuses situations, celui des dissertations : le fameux, l'incontournable, le magique « thèse / antithèse / synthèse » ! Ou alors, vous avez su vous adapter : vos rencontres, votre expérience professionnelle, l'influence du boss ou du collègue de bureau vous ont permis d'élargir les possibilités... Bref des plans, vous en avez plein !

Tous sont parfaitement valables bien sûr, puisque depuis tant d'années ils ont été la source inépuisable pour écrire vos présentations. Vous vous en êtes d'ailleurs très bien sorti comme ça, non ? Le problème est qu'aucun d'entre eux ne vous garantit, avouons-le, un vrai fil conducteur, un lien solide et clair entre toutes vos parties. Vous perdez en fluidité et ce manque de fluidité sera, sans aucun doute, pénalisant pour votre présentation et pour son impact auprès du public.

Sans lien, comment votre public pourra-t-il s'accrocher à votre discours ! Plus le fil conducteur sera développé, plus l'auditoire disposera de moyens pour vous suivre jusqu'à la fin.

Il s'agit donc pour vous de faire tenir toutes les parties entre elles pour que votre public se repère et navigue avec vous.

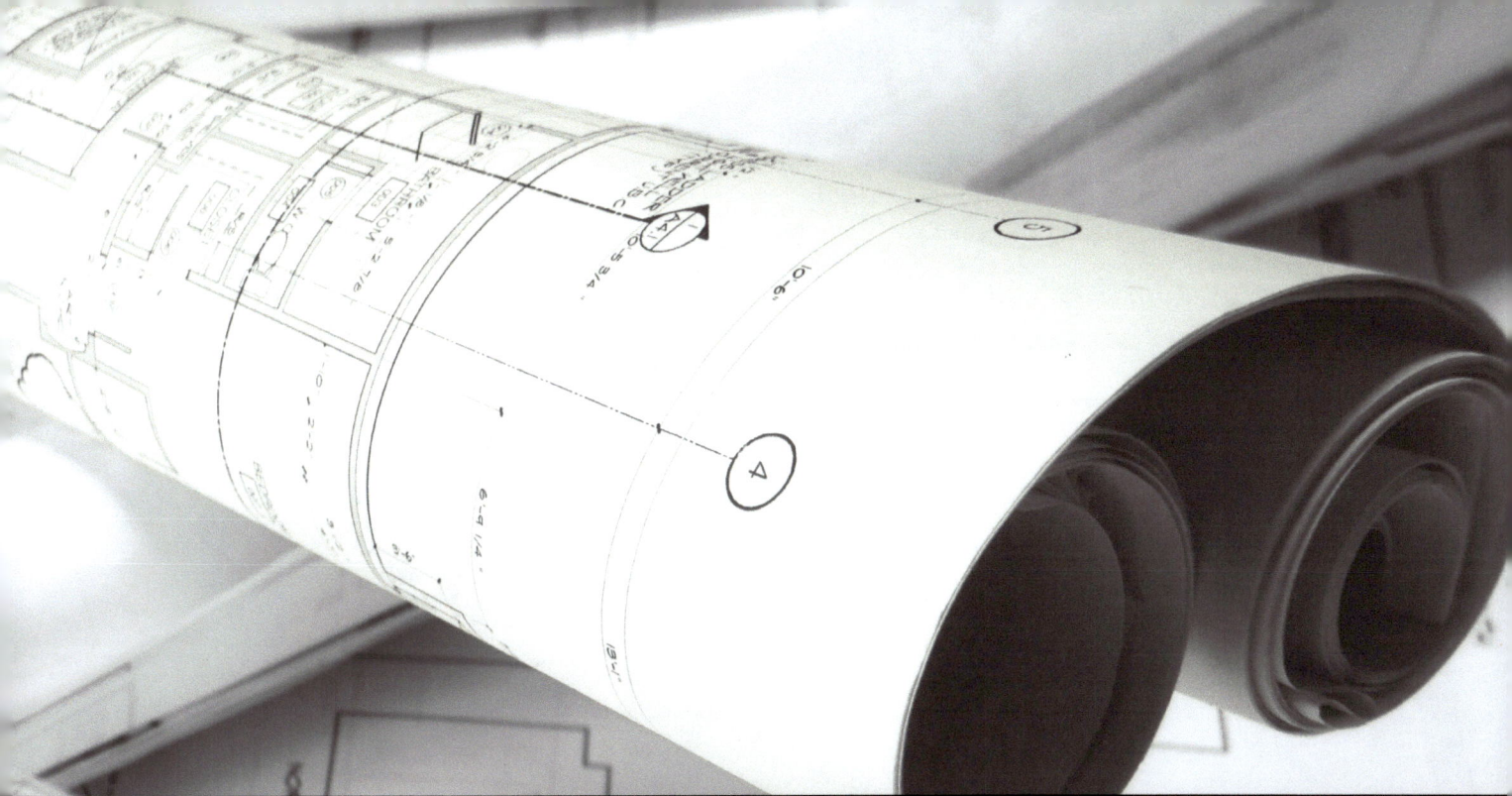

C'est quoi ton plan ?

1 **Le plan de Quintilien : il envisage l'ensemble de la situation**
Comment ? Qui ? Quoi ? Combien ? Où ? Quand ? Pourquoi ? Pour Quoi ?

2 **L'argumentaire commercial pour vendre**
Vous / Votre entreprise / Vos besoins, Nous / Nos services / Nos produits, Notre valeur ajoutée, les bénéfices, les modalités de collaborations

3 **Le SPRA**
Situation de départ, Problème généré, Réponse offerte, Actions proposées

4 **La démarche scientifiques pour exposer**
Les faits objectifs, l'hypothèse d'explication, la vérification de l'hypothèse, la prochaine étape

5 **Le plan dialectique pour clarifier**
Thèse, antithèse, synthèse

6 **Le plan chronologique tenant compte du facteur temporel**
Passé, Présent, Futur

IL ÉTAIT UNE FOIS

C'EST L'HISTOIRE D'UN MEC
SUR LE PONT DE L'ALMA...

Une histoire est un chemin qui mène d'un point A à un point Z, avec, au milieu, une intrigue.

Nous utiliserons cette recette issue des techniques narratives pour éviter à tout prix les présentations millefeuilles c'est-à-dire une succession de couches d'informations sans vraiment de lien entre elles. Cette trame simple, plus communément appelée schéma narratif, est utilisée par les plus grands scénaristes pour construire des histoires captivantes. Au cinéma, au théâtre, lorsque vous lisez un livre ; des enchaînements se mettent en place pour générer des émotions, le méchant fait son apparition, très vite rejoint par le héros de l'histoire... Depuis quelques années, les entreprises s'intéressent à la narration d'histoires, ou storytelling en anglais, pour raconter des histoires passionnantes à leurs clients.

Construire une présentation équivaut à construire une histoire. Le type et la structure de cette histoire constituent la colonne vertébrale de votre présentation. Une présentation de qualité ressemble de très prêt à un scénario. Elle comporte en effet un commencement, un milieu et une fin. C'est ce que l'on appelle le rythme ternaire ou règle de trois... un classique ! La structure interne doit être clairement identifiable. Un premier tournant capte l'attention et l'intérêt de l'auditoire, éveille sa curiosité. Le commencement et la fin seront plus courts que le milieu. Les deux moments déterminants sont la transition entre le commencement et le milieu et la transition entre le milieu et la fin.

C'EST UNE QUESTION D'ÉQUILIBRE !

Les présentations se situent entre deux pôles : celui du rapport et celui du récit. Les rapports ont une visée informative tandis que les récits cherchent à divertir. La différence de structure entre un rapport et un récit est la suivante : un rapport organise des faits par sujet, là où un récit organise des scènes suivant une progression dramatique. Les présentations se situent au milieu et contiennent à la fois des informations et du récit.

	RAPPORT EXHAUSTIF	PRÉSENTATION EXPLICATIF	RÉCIT NARRATIF
	DOCUMENT INFORMATIF ET FACTUEL, ACCENT MIS SUR LA PRÉCISION, LES DÉTAILS, LES FAITS ET LES CHIFFRES.	PERSUASIVE ET MOTIVANTE, ACCENT MIS SUR L'EXPLICATION, LA CLARTÉ ET LA COMPRÉHENSION	CINÉMA ET LITTÉRATURE TOUCHANT ET ÉMOTIF, ACCENT MIS SUR LE POUVOIR ÉVOCATEUR ET L'INFORMATION IMPLICITE
STRUCTURE	Par sujet, hiérarchique	Double : alternance entre faits et récit	Dramatique : exposition, action, rupture, quête, dénouement
ACTIVITÉS	Sonder, rassembler, rédiger, évaluer, informer, mettre à jour	Développer, simplifier, clarifier, interpréter, éclairer	Ressentir, exprimer, toucher, sentir
RÉSULTATS	Conclusions, données, faits, détails	Motivation, activation, engagement	Souvenirs, liens, associations d'idées
MÉTHODE	Communiquez de manière directe, simple et précise	Communiquer de manière crédible et convaincante	Communiquer de manière expressive et théâtrale

O-BA-MA

3

UN, DEUX, TROIS
C'EST MAGIQUE !

Le chiffre 3 est un chiffre magique... Toutes les formules marquantes respectent la règle de trois. Pensez aux slogans, aux devises : « Liberté Égalité Fraternité », « Du pain, du vin, du Boursin », « Veni, Vidi, Vici » (paroles célèbres de César : je suis venu, j'ai vu, j'ai vaincu) ! Pensez également aux noms de marques célèbres : Oréo, Nutella, Activia... Dans l'alimentaire ou dans d'autres domaines, les plus connues ont trois syllabes à chaque fois. Regardez les logos : la plupart ont trois couleurs, ou sont composés à partir de trois éléments graphiques.

Le rythme ternaire résonne en nous d'une façon toute particulière. La plupart des chansons et comptines de notre enfance étaient basées sur ce rythme : « 1, 2, 3, nous irons au bois, 4, 5, 6, cueillir des cerises... » Le rythme ternaire a donc une dimension mélodique. Un nom ou un slogan basé sur la règle de trois a quelque chose de « chantant ». En cela il est bien mieux retenu, et pénètre profondément dans l'esprit du public. C'est aussi un repère structurant.

Vous vous souvenez de nos leçons de géométrie quand nous étions petits ? Il faut au moins trois points pour déterminer un plan fixe. Imaginez une table : elle tient généralement sur quatre pieds. Vous pouvez en enlever un, elle tiendra encore très bien. Mais s'il n'en reste plus que deux, elle tombera d'un côté ou de l'autre.

YES - WE - CAN - 1 - 2 - 3

| SITUATION INITIALE | INTRIGUE | DÉNOUEMENT |

Dans un discours, c'est la même chose. Il faut au moins trois arguments ou « idées-force » pour convaincre efficacement. Un ou deux, c'est trop peu. Plus de cinq, et c'est trop – c'est même contre-productif, car en bombardant le public d'informations, celui-ci risque de saturer et, au final, ne rien retenir du tout...

Tous les grands orateurs maîtrisent la règle de trois. L'immense majorité des présentations de Steve Jobs, par exemple, sont structurées en trois temps. Obama applique cette règle à la perfection dans nombre de ses discours, en annonçant successivement trois propositions avant de les développer.

Son fameux slogan lors de sa campagne de 2008 était construit sur ce principe :

« YES-WE-CAN » ! Son nom même se divise en trois syllabes claires et distinctes, comme une marque à succès, O-BA-MA !

Pour vos présentations, préférez un plan en trois parties. Si vous voulez faire des listes, faites des listes de trois points. Pour raconter une histoire, organisez-là en trois moments clefs : situation initiale – intrigue – dénouement !

RACONTES MOI UNE HISTOIRE

IL ÉTAIT UNE FOIS
UNE JEUNE ET JOLIE PRINCESSE

Toute histoire démarre invariablement par la description du point de départ : la situation initiale, le constat, l'état des lieux. Dans cette partie, vous parlerez de l'état dans lequel se trouve la marque, le produit, le sujet. Cette partie comprendra donc toutes les informations nécessaires pour comprendre l'histoire que vous voulez raconter.

Il ne faut pas être exhaustif ! Premièrement parce que vous n'aurez pas le temps !

Il faudra tout simplement choisir les éléments les plus pertinents ! Combien ? D'après-vous !

Trois bien sûr ! Restez dans le principe du rythme ternaire ! Il n'y a rien de mieux pour gagner en efficacité cognitive. Seules les informations utiles devront figurer dans la situation initiale.

Les autres ne feront que brouiller l'esprit de votre auditoire !

La situation initiale peut comporter un historique, « le résumé des épisodes précédents ».

Une bonne situation initiale doit être déséquilibrée. Ce déséquilibre servira à capter l'attention de votre public...

Le désir vient du manque : dramatisez le contexte, créez un désir de changement.

Pensez à cette expression : « le ver est dans la pomme ».

UN JOUR HÉLAS
VINT UNE MÉCHANTE ET HORRIBLE SORCIÈRE

Vient alors l'élément perturbateur : c'est le point culminant de la présentation, l'intrigue professionnelle. Il correspond au point de tension entre la situation initiale et la situation finale.

Il englobe tous les enjeux auxquels vous devez répondre dans votre présentation. C'est là que vous pointez le manque que vous avait suggéré dans la situation initiale. Exprimez la problématique sous forme d'une question, que vous proposerez de résoudre par la suite. Formulez au mieux cette problématique, ainsi la solution arrivera naturellement, comme une évidence, à votre public.

ILS VÉCURENT HEUREUX
ET EURENT BEAUCOUP D'ENFANTS

Cette dernière partie est censée déverrouiller la question que vous aurez posé juste avant.

C'est tout à fait logique de trouver après l'intrigue une partie solutions. La partie « éléments de résolution » repose en fait sur l'élément fondateur de votre pitch initial : le quoi. Cela ajoute à la dramatisation. En résumé, cette troisième phase comprendra une partie analyse et l'idée clé qui solutionne tout. De là découle la situation finale qui n'est que la description d'une fin heureuse. Elle intégrera deux éléments : le déploiement opérationnel c'est-à-dire la façon dont va se dérouler concrètement la mise en place de votre idée ; la description des résultats attendus, une description concrète et réaliste.

SITUATION INITIALE	INTRIGUE	DÉNOUEMENT
Contexte analysé Bilan des épisodes précédents si nécessaire	La problématique formulée sous forme de question	éléments de résolution Le QUOI du Pitch
		Situation finale Actions et résultats Le COMMENT Le POUR QUOI

5 CONSEILS POUR 1 BELLE HISTOIRE

5

Pour passer à l'écriture de votre présentation, voici quelques règles simples que vous connaissez peut-être déjà pour certaines mais qu'il vaut mieux toujours avoir en tête avant de commencer à écrire !

1 **ÉVITER LE JARGON PROFESSIONNEL**

Nous sommes tous différents, nous avons tous des références personnelles différentes, donc plus vous êtes flou ou adepte du « jargon », plus vous risquez de voir votre auditoire prendre des chemins différents de celui que vous vouliez lui faire emprunter !

2 **1 IDÉE = 1 DIAPOSITIVE**

Chaque diapositive a pour objectif de faire avancer votre présentation. Une diapositive doit développer une idée et une seule. Si vous avez plus d'une idée par diapositive, l'attention et la concentration du public risque de s'évanouir rapidement.

3 **1 TITRE = 6 MOTS**

Le titre de la diapositive est très important car il est la première chose que le public regardera. Il doit donc résumer le contenu de votre diapositive. Un titre clair n'a pas besoin de comporter plus de six mots.

4 **UTILISEZ DES DIAPOSITIVES DE TRANSITION**

Dans les présentations, on voit trop souvent des diapositives de texte ininterrompu les unes à la suite des autres. Cela signifie que vous demandez à votre public de suivre attentivement tout le déroulement de votre histoire sans jamais lui autoriser de pause. Afin de garder votre public attentif, insérez des diapositives de transition qui permettront à votre auditoire de souffler. Ces diapositives de transition peuvent être par exemple : « la cible », sans rien d'autre sur la diapositive, « l'idée » sans rien de plus.

5 **SIMPLIFIEZ TOUJOURS**

Faire et refaire, écrire et réécrire pour arriver à être percutant, efficace. La relecture est une garantie de fluidité. La version 2 de votre présentation sera toujours meilleure que la version 1 car vous l'aurez allégé. Une diapositive bien écrite = 2 à 3 minutes de temps de parole.

ET LE DESIGN DANS TOUT ÇA !

JAMAIS SANS MA CHARTE !

MAIS AU FAIT, UNE CHARTE C'EST QUOI ?
DÉFINITION ET COMPOSANTES

Allez un peu d'étymologie ! Une charte graphique est un terme venant du mot latin charta qui signifie « papier ou lettre ». En français charta a pris le sens de « loi, règle fondamentale ».

En y associant le mot graphique, le résultat est un document de référence appelé charte graphique. Il contient les règles fondamentales d'utilisation des signes graphiques constituant l'identité visuelle d'une entreprise, d'une marque, d'une organisation ou d'un projet. Une charte graphique regroupe et traduit graphiquement tout l'univers et toutes les valeurs de l'entreprise : c'est le support fondamental de toute sa communication (interne et externe).

L'un des objectifs d'une charte graphique est de conserver une cohérence graphique dans toutes les réalisations graphiques d'une entreprise. Sa mise en place garantie une identité visuelle homogène que pourront s'approprier les clients ainsi que tous les partenaires (fournisseurs, graphistes, presse).

La charte graphique permet donc de communiquer « d'une seule voix » avec comme conséquence positive une maîtrise de l'image de l'entreprise. Les anglophones parlent de corporate design (littéralement : dessin de l'entreprise). L'autre objectif de la charte graphique est de permettre au récepteur d'identifier facilement l'émetteur par la cohérence associée à la récurrence des différentes réalisations graphiques. Autre intérêt non négligeable, une charte graphique complète permet d'accélérer et de faciliter la production de nouveaux supports de communication, les fondamentaux étant déjà existants.

LE LOGOTYPE

L'élément central d'une charte graphique est le logo : on le retrouve sur tous les supports de communication de l'entreprise. C'est à partir du logotype que l'on bâtit une identité visuelle. Le logotype doit refléter l'image de l'entreprise et de ses activités, il doit également renforcer son image et rassurer ses clients. Le logo doit pouvoir s'adapter et se décliner (différentes couleurs, avec ou sans baseline, carré ou rectangulaire...) sur l'ensemble des supports de communication de l'entreprise. On le retrouvera par exemple sur le papier à en-tête, les devis et factures, les affiches, les plaquettes commerciales, les flyers, le site internet et les véhicules de l'entreprise.

LA TYPOGRAPHIE

La charte définit également les polices de caractères et les attributs typographiques à utiliser : en règle générale une police de titre et une police de contenu. La typographie est une des composantes essentielles de l'univers graphique d'une entreprise, certaines entreprises vont jusqu'à créer une police de caractères spécifique pour se démarquer.

LES COULEURS

La charte fige aussi les choix de couleurs au travers de jeux de couleurs, adaptés aux exigences des différents supports de communication et des différents fonds disponibles (fond de couleur ou fond blanc). Le nombre de jeux de couleurs doit rester limité pour simplifier la mémorisation de l'identité visuelle et sa différenciation par rapport à la concurrence (4 ou 5 couleurs étant un compromis idéal entre mémorisation et différenciation). On doit retrouver dans la charte les valeurs Pantone, CMJN, RVB et hexadécimales de chaque couleur utilisée.

DES RÈGLES D'UTILISATION

Une charte graphique complète regroupe et codifie également les règles d'insertion de chaque élément (logo, titre, baseline,...) et pour chaque support (les marges et le positionnement dans le document) ; les règles d'adaptation et de déclinaison pour les supports comme tels que la télécopie, les RIB personnalisés... en proposant par exemple une version simplifiée du logo (noir et blanc). Certaines chartes graphiques sont conçues pour s'adapter et évoluer en fonction des changements de l'entreprise.

TOUT
EST PRÉVU !

IL EST TOP
MON MODÈLE

Qui dit charte graphique dit identité visuelle... Et qui dit identité visuelle dans PowerPoint dit Masque... Le fameux Masque, celui qui fera de vous et de votre présentation le parfait Corporate Designer ! Un masque, c'est quoi ? Voyons, vous ne la savez pas encore !!! Le masque de diapositives est une sorte de gabarit qui stocke toutes les informations relatives aux mises en page des diapositives à savoir couleurs, polices, arrière-plan, positionnement du logo, disposition et aspect d'éléments tels que le texte d'un titre et d'un sous-titre, des listes, des images, des tableaux, des graphiques.

Le masque, c'est la trame générale de votre présentation. C'est le garant de la cohérence graphique de votre présentation. Toute diapositive dépendra forcément de ce masque.

En règle générale, en entreprise, c'est le service Communication qui développe ce masque : il définit un jeu de polices, un jeu de couleurs, compose un certain nombre de mises en page en mode Masque de diapositive dans PowerPoint, puis crée quelques diapositives type à partir de ces dispositions et enregistre le tout en tant que modèle de présentation.

Un modèle PowerPoint peut donc contenir des mises en page, des couleurs, des polices, des effets, des styles d'arrière-plan et même du contenu. Il sera accessible la plupart du temps via l'intranet de l'entreprise. Les modèles améliorent la productivité des employés, diminuent les pertes de temps en production et garantissent la cohérence graphique, la protègent même... Dans l'idéal bien sûr, car, hélas, tout n'est pas si rose dans le monde des modèles...

MASQUE(S)

Dans PowerPoint, il existe trois types de masques : le masque de diapositives, permettant de préparer les différentes dispositions ou mise en pages nécessaires à la constitution de votre présentation (il est possible de démultiplier les masques de diapositives) ; le masque des pages de notes permettant de définir la trame pour les commentaires de bas de diapositives ; et enfin le masque de document, plus anecdotique, permettant de préparer des planches de diapositives (de 3 à 9 miniatures par planche).

MODÈLE

Le modèle est une présentation-type, contenant bien-sûr le ou les masques de diapositives, le masque des pages de notes ainsi qu'une série de diapositives qui servent de base à la création d'un diaporama. Le modèle est un fichier qui permet de générer une présentation, le modèle restant intact.

THÈME

Le thème s'enregistre à partir d'un modèle. Il contient donc tous les éléments du modèle (masque de diapositive). Un thème ne mémorise pas de contenu, c'est-à-dire qu'il n'y a pas de diapositives générées automatiquement. Par contre, un thème est transversale, dans le sens où il peut être partagé avec Word et Excel (couleurs et polices). Il permet donc d'uniformiser visuellement une production bureautique complète.

OUI MAIS...

JE ME CACHE DERRIÈRE
MON MASQUE

Développer un modèle avec un mode d'emploi est LA garantie de conserver les caractéristiques visuelles d'une entreprise : des couleurs identitaires clairement définies en tant que jeu de couleurs permettront une homogénéité colorimétrique des diapositives bien sûr mais également des objets intégrés (tableaux, schémas, graphiques...), des polices de caractères judicieusement choisies assureront une bonne lisibilité d'une part et d'autre part éviteront les problèmes de portabilité (les textes doivent conserver leur intégrité visuelle quel que soit l'environnement informatique et le canal de diffusion) ; le logo et ses déclinaisons seront présents et bien mis en valeur ; les mises en page se baseront toutes sur une grille modulaire conçue en mode Masque et préservant l'harmonie de l'ensemble.

Si de nombreuses personnes de l'entreprise doivent quotidiennement produire des présentations, il est clair que contraindre leurs décisions en matière de design est une bonne chose. Car imaginez la situation si aucun modèle n'est fourni aux salariés d'une entreprise pour produire leurs présentations, dont certaines peuvent être pourtant stratégiques ! Nous assisterions à des lignes graphiques multiples, pas forcément optimales techniquement et sans doute incohérentes en matière de design. Chacun irait de sa petite touche personnelle, choisirait des couleurs diverses et variées en fonction de leur goût intime, les mises en page seront déséquilibrées... bref la cacophonie visuelle et au bout du compte des présentations peu attractives !

Condamné par sa charte ?

1   ## LE PIÈGE DU MODÈLE QUI N'EN EST PAS UN !

C'est le piège le plus sournois mais hélas aussi le plus fréquent. Imaginez la situation suivante ! Officiellement, dans votre entreprise, un modèle existe. Si c'est le cas, ce modèle se doit d'être au format .potx, et contenir tous les éléments nécessaires pour produire une présentation optimale. Hélas, le modèle n'en est pas un ! Pas de nuancier colorimétrique, pas de jeu de polices, un masque peu ou pas exploité... Cela arrive fréquemment ! Contactez d'urgence votre service communication pour signaler le problème : il en va de votre productivité !

2   ## LE PIÈGE DU RECYCLAGE

Une présentation dite chartée circule sur l'intranet de votre entreprise. Elle aurait été créée il y a longtemps par un collègue expert de PowerPoint ou revendiqué comme tel... sans que personne sache vraiment si c'est le cas. Toutes les nouvelles présentations se basent donc sur cette présentation référente : on l'ouvre, on supprime les éléments qui dérangent, on y insère de nouveaux éléments, et on enregistre le tout sous un nouveau nom. Catastrophe assurée : aucune garantie d'avoir une présentation correctement conçue, techniquement opérationnelle, visuellement pertinente. C'est du clonage pur et dur, sans méthodologie ! Les erreurs de la présentation initiale se reproduisent et s'amplifient à l'infini jusqu'au désastre prochain.

3   ## LE PIÈGE DE LA CONTRAINTE

Combien de fois n'entendons-nous pas « C'est obligatoire, c'est la charte de l'entreprise imposée par le service communication, on peut rien faire ! » C'est faux ! Votre service communication a créé un modèle type, comportant les éléments clés de vos futures présentations et ceci pour l'ensemble des salariés de l'entreprise. Pas exclusivement pour votre service et vos besoins spécifiques !!! Rien ne vous empêche, si vous maîtrisez le logiciel bien sûr et si vous respectez la charte graphique évidemment, de créer de nouvelles dispositions en mode Masque afin d'automatiser la conception de diapositives qui auraient des mises en page récurrentes ! Ne vous privez pas d'optimiser vos productions !

C'EST QUI
LE BOSS ?

C"EST QUI PLUS LE PLUS BEAU ?
C'EST LE LOGO !

Je peux apparaître en tout petit sur votre carte de visite, votre site Web ou votre présentation PowerPoint. Je suis l'élément principal de votre charte graphique. Je représente graphiquement votre identité visuelle, vos valeurs. J'évolue avec mon époque. Je suis... je suis... Le LOGO bien sûr... !!! C'est lui qui permet à une marque d'être reconnaissable par ses clients.

Plus encore, il communique des émotions. Le logo est l'élément graphique incontournable, pour une petite entreprise comme pour une multinationale. En seul coup d'œil, il doit être capable de résumer tout un speech commercial. Pour cela, votre logo doit respecter 4 règles :

1 **Simplicité**
Votre logo doit être composé d'un seul élément et ne pas contenir trop de détails.

2 **Flexibilité**
Votre logo doit s'adapter à tous les supports.

3 **Pertinence**
Votre logo doit être à l'image de votre marque : couleurs, typographie, design.

4 **Originalité**
Afin d'être repérer facilement, votre logo doit ressembler à aucun autre.

J'ai mon entreprise et j'aimerais créer mon logo...
Quelles sont les tendances ?

6 TENDANCES POUR 1 LOGO RÉUSSI

LA SIMPLIFICATION DES FORMES

Moins vous en faites, mieux vous vous porterez. La simplicité est le maître-mot. On échange les formes complexes contre des figures élémentaires. Si vous voulez donner un petit coup de ravalement à votre logo, il suffit de reprendre sa forme la plus basique et de la remettre au goût du jour. Cette tendance est universelle, elle s'applique quelle que soit votre entreprise ou votre secteur d'activité. La raison ? Les mobiles...
Plus d'un internaute sur deux naviguent via un smartphone ou une tablette. En réduisant la taille des écrans, on simplifie les logos pour une meilleure visibilité. Logique, il suffisait d'y penser !

LES FORMES GÉOMÉTRIQUES

On n'a encore rien trouvé de plus élégant que quelques lignes nettement tracées.

Ressortez votre compas et vos cours de 6ème pour créer de superbes formes géométriques : triangles isocèles, cercles, symétrie axiale ou centrale. Finalement, vous n'avez pas besoin de grand-chose d'autre.

DÉCOUPAGES & EMBOÎTEMENTS

Et si les simples lettres de votre nom suffisaient à créer un logo à la pointe des tendances ? Jouer avec le découpage des lettres en générant des espaces et des combinaisons inattendues permet de créer des logos simples, visuels et très originaux. Autre avantage à cela : vos clients accorderont une attention particulière à votre logo en essayant de le déchiffrer. Vous êtes donc sûrs d'être vus et – le plus important – d'être remarqués.

L'ÉCRITURE À LA MAIN

Voici ce que l'on veut suciter avec un logo dessiné « à la main » : le goût des choses authentiques et personnelles.

Ce type de logo convient parfaitement aux restaurants, boutiques ou, de façon plus générale, n'importe quelle marque qui souhaite exprimer sa personnalité et son caractère. Notre conseil : évitez tout de même les pattes de mouche et assurez-vous que votre logo soit lisible par tous.

LE VINTAGE

Le logo vintage utilise des codes connus comme des écritures noires, blanches ou dorées et des lignes et formes très stylisées. Si vous l'utilisez correctement, un logo vintage peut donner l'impression d'une marque déjà bien établie, voire emblématique. Le logo vintage inspire la confiance. Attention cependant à ne pas tomber dans le côté désuet : entre ce qui est hipster et ce qui est ringard il n'y a qu'un pas.

LE NOIR ET LE BLANC

L'élégance, la simplicité, la beauté. Il ne faut pas plus de deux couleurs pour exprimer tout cela. Pensez tout simplement à Chanel ou à L'Oréal. Le noir et blanc vous permet de donner un aspect intemporel à votre marque, presque iconique.

MAIS QUE FAIT LA POLICE ?

ARRÊTE LA BAGNOLLE DEVANT LE PANNEAU
JE VAIS ESSAYER DE LE LIRE !

Tous les efforts que vous mettez dans vos diapositives ne servent à rien si le texte n'est pas lisible.

La règle la plus importante est donc de garantir la lisibilité du texte. Les diapositives des présentations sont des médias du « coup d'œil », comme les affiches, car le public doit immédiatement comprendre le message qui leur est adressé. Une analogie que l'on peut faire, c'est celle des panneaux routiers… Qu'est ce qui caractérise les panneaux routiers ? Un contenu court et simple à comprendre !

Une dimension du texte importante ! Une typographie claire ! Un code couleur évocateur ! Lorsqu'ils roulent, les conducteurs doivent lire et comprendre très vite les indications routières afin de rester concentrés sur leur conduite. Le message des panneaux doit donc être non seulement lisible mais aussi très facilement compréhensible, il en y va de leur sécurité et de celle de leurs passagers.

Dans une diapositive l'approche graphique est similaire. Le texte de la diapositive doit être clair, lisible et simple de façon à être rapidement assimilé par votre audience. Vous devez donc concevoir votre texte de façon à ce que votre auditoire soit en mesure de lire, déchiffrer et comprendre en 3 secondes le contenu de votre diapositive pour être ensuite en mesure de reporter son intérêt sur votre propos oral.

Lisibilité et simplicité !

LES POLICES NE SONT PAS UNIVERSELLES !

Si vous installez et utilisez des polices personnalisées, elles ne sont disponibles que sur votre ordinateur. Si vous envoyez votre présentation via une messagerie, elle ne s'affichera probablement pas correctement. Ce sera aussi le cas si vous changez d'ordinateur pour la projection... Tout votre travail typographique et votre belle mise en page voleront en éclats ! Désastre assuré !

Pour éviter cela, plusieurs solutions ! La plus logique consiste bien sûr à installer la police sur l'ordinateur qui servira à la projection. Encore faut-il avoir les droits administrateurs sur l'ordinateur concerné... Bref, logique mais problématique...

La seconde solution est de convertir votre présentation au format PDF : votre mise en page sera parfaitement respectée... La meilleure façon de traduire une présentation en PDF est d'utiliser la commande de conversion proposée par PowerPoint et d'éviter d'utiliser une imprimante virtuelle de type PDF Creator ou autres applications gratuites... Pourquoi ? Pour des raisons qualitatives tout simplement, la fonctionnalité PDF de PowerPoint étant optimale ! Attention par contre, la traduction d'une présentation au format PDF vous fera perdre toutes vos animations !

La troisième solution est plus technique : il s'agit d'incorporer les polices dans la présentation. Pour cela, il suffit de faire un tour du côté des options PowerPoint (Onglet Fichier / Options, catégorie Enregistrement) : cochez l'option "Incorporer les polices dans le fichier". C'est de loin la meilleure solution !

AVEC OU SANS SERIF ?

UNE QUALITÉ INDISPENSABLE...
AVOIR LE SENS DE LA FAMILLE !

il est important de comprendre la division typographique fondamentale qui distingue les deux principales familles de polices : Serif et Sans Serif. Les polices d'écriture Serif, dites à « empattements », se caractérisent par les petites marques décoratives qui forment la terminaison des lettres.

Les polices « Sans Serif » sont celles qui ne présentent pas ces ornements.

De manière générale, les polices à empattements sont identifiées à des typographies « old-school » qui conviendraient à l'imprimerie. Vous les verrez principalement dans les journaux, les livres et les magazines. En effet, elles sont considérées comme plus lisibles et plus identifiables pour de longs textes.

Les polices sans empattement en revanche, plus modernes, sont généralement plus adaptées à la lecture sur écran et restent lisibles même dans les petites tailles. Visuellement plus simples, plus nettes et plus fraîches, elles sont considérées en effet comme plus faciles à lire.

Mais soyons lucide : votre société dispose sans doute d'une charte graphique avec des recommandations typographiques, donc renseignez-vous !

AVEC SERIF

S

Times New Roman
Georgia
Garamond

SANS SERIF

S

Arial
Helvetica
Verdana

3 principes typographiques

1

À DEUX C'EST MIEUX !

Vous pourrez vite constater que deux polices sont suffisantes. Si vous en utilisez davantage, votre design risque d'être un rien « cacophonique ». Deux polices, une pour les titres, une autre pour les textes : c'est le principe du jeu de polices de PowerPoint (allez faire un tour dans l'onglet Création de PowerPoint...). Il est préférable (mais pas obligatoire) que la police de vos textes soit une police Sans Serif. Ces polices sont lisibles et fluides donc très pratiques pour un visuel. Une police avec empattements pour les titres, pourquoi pas ! Tout dépend de l'ambiance que vous voulez créer !

2

PRENDRE DU GRAS !

Vous connaissez le bouton "Gras" ? En typographie, certaines polices sont proposées d'emblée avec plusieurs niveaux de graisse, comme par exemple la police Helvetica ou la police Source. De telles polices sont vivement recommandées. En effet, les graisses fines (Thin ou Light) permettent d'écrire gros sans perdre en élégance. La commande "Gras" appliquée à une typographie ne renforcera pas le texte autant qu'une typographie déclinée en version Black ou Ultra Bold. Disposer de nombreux niveaux de graisse vous donne une liberté de composition plus importante et vous permet de mettre en valeur les informations avec davantage d'impact.

3

MAJUSCULES ET MINUSCULES!

Écrire tout en majuscules, c'est comme crier visuellement ! Cela peut être fatiguant ! Les majuscules doivent donc être utilisées de façon subtile : évitez ainsi de les appliquer sur du texte long, elles nuiraient à la lisibilité. Elles peuvent être utilisées pour vos titres, surtout s'ils sont courts, ils gagneront en puissance visuelle. Par contre, attention : il est impératif d'accentuer les majuscules afin d'éviter les doubles sens ! Pensez au raccourci clavier SHIFT + F3 qui permettra de faire la bascule entre minuscule et majuscule. L'accentuation sera conservée si vous activez l'option Majuscules accentuées en français, présente dans la boîte accessible via Fichier / Option / Vérification.

LA VIE EN ROSE ?

UNITED COLORS OF
BIDOUILLE...

La couleur est un vecteur puissant dans le domaine de la communication. Le choix des couleurs fait partie des éléments décisifs lorsque vous devez créer ou manipuler une présentation.

Et cela est normal : votre palette de couleurs est la première chose que votre public remarquera, bien avant la pertinence des contenus, la beauté de vos illustrations et l'originalité de vos schémas. Elle influera sur la manière dont votre public percevra l'atmosphère de votre diaporama.

Il est donc crucial de préparer le bon assemblage de couleurs. Comment trouver la combinaison idéale ? Ne nous voilons pas la face : le choix de la colorimétrie demeure aujourd'hui très subjectif car il ne dépend souvent que des goûts d'un seul comité de décideurs.

Afin de préserver une certaine sobriété, il est d'usage de ne pas utiliser plus de trois couleurs différentes pour une charte graphique. Le choix des couleurs est le plus souvent dicté par le logo...

Ce qui est parfois hélas bien restrictif voir frustrant. Il s'agit clairement d'avoir une couleur prédominante, représentant la majeure partie de la présentation, et une ou deux couleurs secondaires plus dynamiques (plus vives), afin de mettre des composants de la page en contraste. Le reste ?

Des variantes, des gris et bien évidemment les inévitables noir et blanc !

Pour retranscrire les informations de couleurs, différents systèmes sont utilisés par les logiciels :

le système RVB et le système CMJN.

LE SYSTÈME RVB :
SYNTHÈSE ADDITIVE

Le système RVB est constitué de Rouge, Vert et de Bleu. Ces trois couleurs sont les couleurs primaires en synthèse additive. Elles correspondent en fait à peu près aux trois longueurs d'ondes auxquelles répondent les trois types de cônes de l'œil humain (voir trichromie). L'addition des trois donne du blanc pour l'œil humain. Elles sont utilisées en éclairage afin d'obtenir toutes les couleurs visibles par l'homme. Elles sont aujourd'hui utilisées en vidéo, pour l'affichage sur les écrans, et dans les logiciels d'imagerie. C'est le système de PowerPoint et des autres logiciels bureautique ou Web. Chaque canal lumineux offre 256 variantes de lumière : une couleur RVB est donc le résultat d'un mélange de variantes. Les codes colorimétriques se présentent sous la forme d'une série de trois chiffres. Nous avons 256 couleurs possibles soit 16,7 millions de combinaisons en RVB.

LE SYSTÈME CMJN :
SYNTHÈSE SOUSTRACTIVE

Le CMJN ou système quadrichromique reproduit un large spectre colorimétrique à partir des trois teintes de base (le cyan, le magenta et le jaune) auxquelles on ajoute le noir. Le système CMJN (CMYK en anglais) a été conçu pour l'imprimerie, il concerne donc les logiciels PAO.

Il s'appuie sur le principe de la synthèse soustractive c'est-à-dire un système où le mélange de couleurs amène une résultante plus sombre (moins de lumière, donc « soustraction » de lumière). Ce principe est aussi celui de la peinture classique. Par exemple, le mélange de bleu sombre et de jaune donne du noir. Notez qu'à l'inverse, dans un système à synthèse additive comme le RVB, l'ajout de lumière bleu sombre et de lumière jaune donne du blanc...

PETIT TOUR
SUR LA ROUE

JE SAIS PAS COMMENT
CHOISIR...

La roue chromatique est un outil intéressant à connaître lorsque l'on veut en savoir plus sur le monde des couleurs. Elle s'appuie sur les trois couleurs primaires (bleu, rouge et jaune) pour se décliner en différentes teintes. Chaque teinte est à son tour déclinée en valeur plus ou moins foncée par ajout de blanc ou ajout de noir. Le cercle chromatique peut être divisé en deux catégories principales : les couleurs chaudes, qui gravitent autour du jaune, de l'orange et du rouge (ce qui inclut, par exemple, les marrons et le roux) ; les couleurs froides, regroupant les variantes de bleu, de vert et de violet (ce qui inclut, par exemples, les gris). Entre chaud et froid, il n'y a pas de choix qui soit, dans l'absolu, meilleur qu'un autre. Tout dépend de l'effet que vous souhaitez atteindre. Les couleurs chaudes sont réputées plus stimulantes et incitatives à l'action. À l'inverse, les couleurs froides ont des vertus apaisantes et relaxantes.

POUR VOUS AIDER À COMPOSER
VOTRE PALETTE

Le principal dilemme auquel nous faisons face – ignorants en graphisme que nous sommes – est : comment composer ses palettes de couleurs sans passer par la case coloriage ? L'une des merveilles du Web 2.0, est qu'il regorge d'outils gratuits très utiles. Vous pouvez choisir votre palette sur Colourco ou encore grâce à la roue chromatique Adobe Kuler.

Bleu

CONFIANCE - INTELLIGENCE : **Facebook / Intel / Nokia**

Rouge

ÉNERGIE - PASSION : **Coca Cola / Kellog's / Nintendo**

Orange

CRÉATIVITÉ - COMMUNICATION : **Orange**

Vert

NATUREL - STABILITÉ : **Perrier / Starbuck's**

Jaune

JOIE - AMITIÉ : **Hertz / La Poste**

COMMENT UTILISER VOS COULEURS ?

Il n'existe pas de règle immuable en matière d'utilisation des couleurs. Néanmoins, il est important de rester simple, de conserver un nombre de couleurs raisonnable et de les répartir de façon proportionnée. La règle de 60-30-10 a déjà fait ses preuves et ne vous réservera pas de mauvaises surprises. Les teintes de votre couleur maitresse doivent couvrir 60% de votre espace. Votre deuxième couleur doit couvrir 30% du design de votre diapo et créer un contraste fort avec la première afin d'attirer l'attention sur les éléments que vous souhaitez mettre en valeur. La couleur complémentaire, qui recouvre les 10% restants, sert à accentuer des éléments stratégiques.

COMBINER
LES COULEURS

Différents schémas existent pour guider votre choix de palettes. La plupart sont basés sur la position des couleurs sur le cercle chromatique :

COULEURS COMPLÉMENTAIRES

Ces schémas utilisent deux couleurs positionnées exactement l'une en face de l'autre sur le cercle. Exemples : le rouge et le vert, le jaune et le violet. En prenant deux couleurs très contrastées, le design de votre site sera accentué. Pour créer une palette complète, vous pouvez ajouter une couleur neutre, c'est-à-dire une teinte qui n'apparait pas sur le cercle chromatique de 12 couleurs, comme le beige, les marrons clairs, le blanc et le noir.

COULEURS ANALOGUES

Il s'agit ici d'utiliser trois couleurs voisines sur le cercle chromatique, comme l'orange, le jaune orangé et le jaune, ou le violet, le bleu violacé et le bleu. En raison de leur proximité, ces teintes vont créer une combinaison naturellement agréable au regard.

COULEURS COMPLÉMENTAIRES ADJACENTES

Avec cette panoplie, vous commencez par choisir une couleur et vous y ajoutez les deux teintes qui entourent sa complémentaire. Vous formez ainsi un triangle isocèle. Par exemple, vous pouvez associer un rouge à un jaune vert et à un bleu vert ; ou un violet, un jaune orangé et un jaune vert. Ce schéma offre un contraste élégant, moins marqué qu'une combinaison complémentaire classique.

COULEURS MONOCHROMATIQUES

Comme son nom l'indique, ce jeu utilise différentes nuances d'une même couleur. Vous pouvez utiliser un large spectre qui inclut les teintes les plus sombres et les teintes les plus claires, ou le réduire en utilisant les unes ou les autres seulement. Les schémas monochromatiques permettent un rendu propre et minimaliste.

COULEURS TRIADIQUES

Vous êtes prêt à faire un peu de géométrie ? Une triade requiert trois couleurs qui sont à égales distances les unes des autres sur le cercle, formant ensemble un triangle équilatéral. Vous pouvez ainsi combiner le jaune orangé, le bleu violacé et le rouge violacé. Ce schéma est dynamique. Il vous permet de créer un équilibre au sein duquel l'une des trois teintes est dominante, et les deux autres en support.

COULEURS TÉTRADIQUES

Il s'agit ici de former deux paires de couleurs complémentaires, ce qui crée une figure rectangulaire sur votre cercle. Par exemple, vous pouvez combiner un jaune orangé, un jaune vert, un bleu violacé et un rouge violacé. Ce modèle est particulièrement riche.

AVANT TOUT, RÉFLÉCHIR...

PRIORITÉ ABSOLUE !
PENSEZ AU FOND DE PAGE...

Avant de choisir une palette, définissez la couleur de l'arrière-plan. Grâce aux progrès techniques accomplis par les projecteurs, il n'y a plus de contraintes, la plupart des couleurs passent correctement. Dans certaines circonstances, cependant, un arrière-plan foncé peut se montrer plus efficace qu'un arrière-plan clair et inversement.

Pour une bonne visibilité, l'œil a besoin de contraste. Les arrière-plans en noir ou en blanc sont ceux qui fournissent le meilleur contraste. Sur les fonds de couleurs, le contraste est atténué. Certaines des couleurs ne ressortent pas et d'autres sont inutilisables.

Au moment de choisir les couleurs, veillez à ce qu'elles offrent un bon contraste avec l'arrière-plan et les autres couleurs sélectionnées — effectuez un test de projection. Les couleurs peuvent être parfaites sur l'écran de votre ordinateur et différentes ou délavées lorsqu'elles sont projetées,

ARRIÈRE-PLAN FONCÉ	Formel Pour les grandes salles	Fonctionne mal avec des copies imprimées Pas de possibilité d'intégrer des ombres
ARRIÈRE-PLAN CLAIR	Informel Donne un sentiment d'optimisme Pour les petites salles	Illumine la salle Fonctionne avec les copies imprimées

1 L'EMPHASE

Pour souligner l'importance d'un élément (texte ou forme), on utilise une couleur qui tranche avec le reste des objets sur la diapositive.L'importance est dans le contraste qu'il y aura visuellement entre l'élément sur lequel porte l'emphase et les autres éléments.

2 LA COULEUR SIGNIFIANTE

Lorsque vous devez faire figurer des éléments de nature différente, il est possible d'utiliser la couleur pour rappeler à quel groupe chacun des éléments appartient. C'est le même principe que la légende pour une carte ou un graphique. Il est préférable de garder toujours la même couleur pour un même groupe tout au long de la présentation. Le choix de la couleur doit être étudié en fonction du groupe d'objets, de manière à ce que l'audience accepte cette couleur. Par exemple, si l'on souhaite comparer deux sociétés entre elles, on utilisera la couleur principale de chacun des logos.

3 LA COULEUR REPÈRE

Il est possible d'employer la couleur pour guider le lecteur dans la présentation. Utiliser toujours la même couleur pour « griser » les sujets déjà traités, et une autre pour mettre l'accent sur ce qui fait l'objet de l'instant présent. En posant cette grille de lecture, vous permettez à votre audience de se concentrer sur ce qui doit être l'objet de son attention. C'est le premier plan d'attention. La couleur de second plan doit être choisie de telle manière qu'elle soit neutre par rapport à la couleur de premier plan, tout en étant suffisamment distincte de la couleur du fond de page pour que les éléments restent visibles et lisibles.

ELLES SONT PARTOUT !

JE COUPE, JE DIVISE, JE SAUCISSONNE
FAÇON PUZZLE !

Les grilles sont partout dans la nature. Notre squelette est ce qui fait que les humains ont une forme et une structure similaires. Même une feuille a une structure de veines. Le système de quadrillage aide à identifier les éléments semblables. Les grilles ont une fonction importante car elles amènent la structure nécessaire à l'organisation de vos images et textes et permettent ainsi une mise en page claire. Une grille consiste à diviser la page en zones qui seront utilisées pour ranger les contenus, textes, images et autres. Elles apportent à la composition une rigueur bénéfique, notre œil appréciant l'équilibre. L'utilisation d'une grille donne des repères à l'œil du public, contribuant ainsi à la cohérence du diaporama. Créer une grille est assez simple, même si hélas, les outils proposés par PowerPoint peuvent paraître assez rudimentaires, avouons-le... Bien sûr, il s'agit d'avoir déjà au préalable mené une réflexion sur l'organisation future de vos diapositives... Prenez un papier et un crayon et imaginez votre mise en page ! C'est ok ? Allez à présent sur le mode Masque des diapositives et positionnez-vous sur le Master. Affichez les repères de dessin (onglet Affichage). N'oubliez pas également d'activer vos règles, elles peuvent être utiles pour le positionnement ! Par défaut, seulement deux repères, existent, coupant la diapositive en 4 zones. Pour créer de nouveaux repères, il suffit d'appuyer sur la touche CTRL et de faire un cliqué-glissé sur les repères existants.

Les grilles sont partout dans la nature.

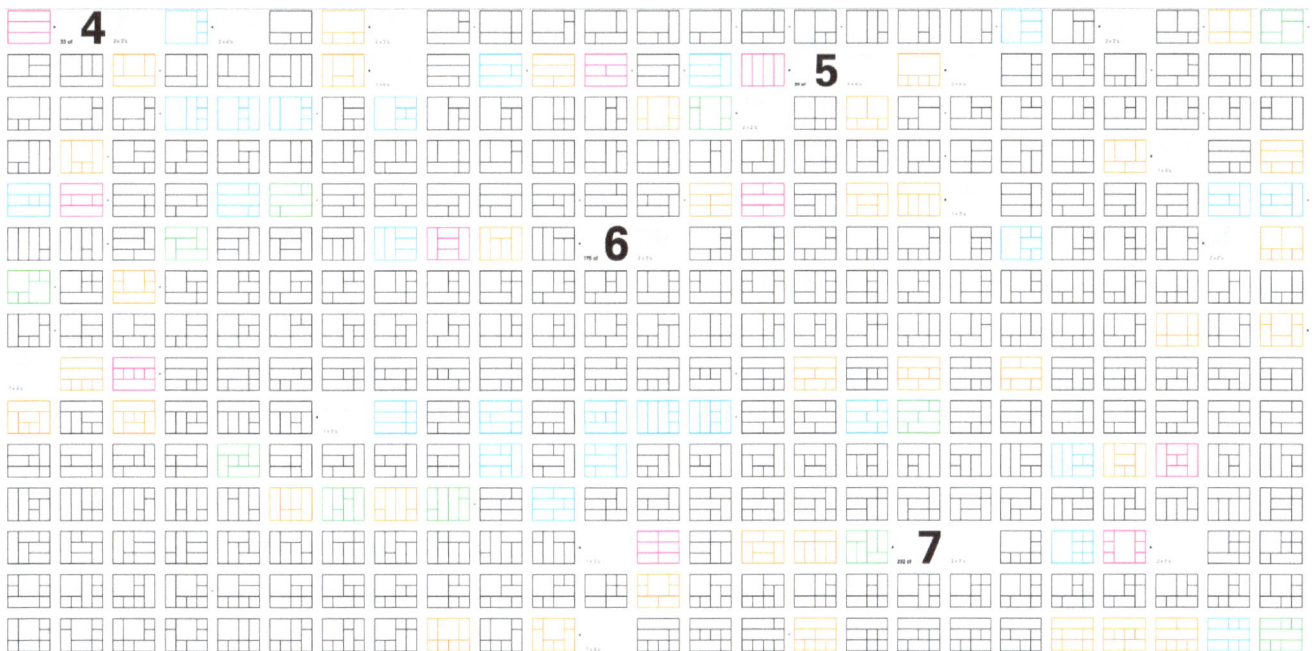

IL Y A 892 MANIÈRES UNIQUES
DE COUPER UN QUADRILLAGE 4X3 !

Pour obtenir un PDF géant de toutes les options de mise en page d'un slidedoc en grille 4:3, allez sur le site de Dubberly Design.

DE L'AIR !

LA NATURE A HORREUR DU VIDE
PAS L'OEIL...

L'espace vide dans une composition graphique n'est pas « rien ». Il doit faire l'objet d'une attention particulière ! Les zones vides offrent une respiration visuelle. Plus le flux d'informations à assimiler est dense, plus notre cerveau apprécie ces « aires de repos ».

L'espace vide permet de mieux focaliser l'attention sur les quelques rares objets qu'il contient. Quelques objets présentés de manière aérée sont beaucoup plus faciles à appréhender qu'une foule d'éléments pressés les uns contre les autres. Plutôt que de parler d'espace vide, les designers utilisent le terme d'espace négatif, en opposition à l'espace positif qui est occupé par l'objet.

L'espace blanc n'est pas forcément blanc ! C'est l'espace non utilisé d'une diapositive. Les présentateurs novices pensent souvent que l'espace blanc est superflu : l'espace blanc ne véhiculant aucune information, quel mal y-a-t-il à le remplir ? Sacrifier cet espace vide, c'est forcément pour le remplir, et inévitablement densifier la diapositive... et diluer le message.

Laissez 50% d'espace vide sur les slides : cela apporte non seulement de la clarté et de l'élégance à la composition mais amplifie, surtout, la compréhension du message pour votre auditoire.

Laissez 50% d'espace vide !

L'IMPORTANCE DES MARGES

Toute composition graphique est encadrée par un espace vierge : ce sont les marges extérieures, parfois appelées « blanc tournant », car elles font le tour de la composition. En leur absence, les éléments de la diapositive se retrouvent comme coincés contre les bords. Votre mise en page doit toujours inclure des repères pour ces marges.

Plus elles sont larges, plus la respiration visuelle est importante !

Même faibles, elles seront utiles si le projecteur est mal réglé et tronque les bords de la projection. Avec des marges, vous n'aurez pas à vous inquiéter que votre texte soit coupé. Si elles sont larges, la mise en page restera toujours assez aérée pour le confort de votre auditoire.

LE PRINCIPE C.R.É.A.

LES 4 PILIERS
DU DESIGN GRAPHIQUE

Les supports auxquels nous sommes confrontés tous les jours (journaux, magazines, télévision, affiches publicitaires et diaporamas...) répondent généralement à des critères d'efficacité en matière de design visuel. Ceci est le résultat d'une recherche d'efficacité maximale en termes de transmission et de mémorisation de l'information. Les règles suivantes sont essentielles à la construction d'un support visuel efficace !

C — LE CONTRASTE

Contraste signifie différence : dans les diapositives, les différences doivent être nettes, et non pas subtiles. Le contraste est ce qui frappe l'œil. Vous pouvez établir toutes sortes de contrastes : par le choix des couleurs (sombre et clair, chaud et froid); par la mise en forme du texte (police avec et sans serif, gras et normal); par la position des éléments (hauts et bas, isolés et groupés). L'exploitation du contraste vous aidera à créer une composition dans laquelle un élément est mis en relief.

R — LA RÉPÉTITION

La répétition est le réemploi d'éléments similaires dans toute la présentation. La répétition de certains éléments dans une diapositive ou dans toute une série donne une impression nette d'unité et de cohérence. Le principe de répétition dicte le réemploi d'objets similaires dans la composition. Ainsi la présence d'un même arrière-plan et de la même typographie donne une homogénéité à vos diapositives.

É — L'ÉQUILIBRE

L'équilibre est primordial dans une composition. Une mise en page équilibrée possède un seul message (clarté), un point de départ, guide l'observateur. Il n'y a pas de confusion. La hiérarchie est évidente, les éléments sont répartis harmonieusement. Les compositions symétriques sont axées sur un axe vertical central. Elles sont statiques et donnent une impression de stabilité. Les compositions asymétriques sont moins formelles et plus dynamiques. On peut donner de l'équilibre et de la clarté à une composition par l'emploi judicieux du vide.

A — L'ALIGNEMENT

Tandis que la répétition vise à obtenir une unité sur un ensemble de diapositives, l'alignement vise à obtenir une unité parmi les éléments d'une même diapositive. Chaque élément est connecté à un autre élément via une ligne invisible. Le principe d'alignement permet de dégager une harmonie liée à un agencement logique, équilibré et structuré des objets.

ILLUSTRER
EFFICACEMENT

LE CHOC
DES PHOTOS

YA PAS PHOTO
UNE IMAGE VAUT MILLE MOTS

Qu'y pouvons-nous, notre œil est plus attiré par une belle image que par un beau chiffre.

Ne luttez pas et donnez-lui ce qu'il demande. Illustrez vos dires avec des superbes photos de bonne qualité, cela va de soi. Une image a le pouvoir de marquer durablement l'esprit et le cœur de l'auditoire. L'image a de plus une force émotionnelle que les mots ne parviennent pas à transmettre. Elles permettent aussi de raconter des histoires concrètes là où les idées conceptuelles, exprimées en mots, ne peuvent toucher l'auditoire.

La photo est donc indiscutablement l'élément visuel qui apportera le plus d'impact à votre présentation... à condition de savoir bien l'utiliser. Le problème à l'heure actuelle est que les présentateurs utilisent trop souvent les photos pour « décorer » leur présentation ou boucher un trou. Ils ne se rendent pas compte du potentiel que peut avoir le choix et l'agencement d'une bonne photo pour soutenir le message d'une présentation.

morguefile pixabay librestock	Les services comme Shutterstock, Thinstock ou iStockPhoto mettent à votre disposition une large variété d'images élégantes et créatives. Le seul inconvénient : ces services sont payants.Heureusement, il existe de nombreux services gratuits sur le Web. Évitez d'utiliser des photos soumises à des droits d'auteur. Certains sites n'exigent ni inscription ni carte bancaire. En voici quelques uns !

2500

NOUS POUVONS NOUS RAPPELER DE PLUS DE 2500 IMAGES AVEC UNE EXACTITUDE DE 90% APRÈS PLUSIEURS JOURS.

Perception and memory fopr pictures : single-trial learning of 2500 visual stimuli. Lionel Standing, Jerry Conezio, Ralph N. Haber.

ÉVITER LES IMAGES LIBRES DE DROITS TRADITIONNELLES

Vous voulez être original, crédible ? Fuyez comme la peste les photos banales ou stéréotypées accessibles via votre moteur de recherche favori, section images... En utilisant des images libres de droits bateau qui présentent des employés aux sourires dignes d'une pub Colgate, vous tomberez inévitablement dans le cliché. Allez plutôt vers l'authentique et exposez des photos originales, éloignées des clichés commerciaux accablants. Le meilleur moyen d'y parvenir consiste à prendre vous-même des photos de votre équipe, de vos produits ou encore de vos locaux.

L'IMAGE
FOND PERDU

UNE TECHNIQUE SIMPLE ET EFFICACE
POUR UN IMPACT MAXIMAL

Pour être percutante, votre image doit pouvoir s'épanouir en utilisant un maximum de surface. En effet, le moyen le plus simple et le plus efficace pour donner plus d'impact à vos visuels est de les traiter en fond perdu. Le fond perdu signifie que votre photo prend la totalité de la diapo.

Il n'y a plus de bordures inutilisées autour de l'image. Ainsi, au lieu de poser votre photo un peu au milieu de nulle part, vous allez l'agrandir, éventuellement la recadrer, et ainsi pouvoir lui donner sa pleine puissance. La projection à l'écran de photos à fond perdu est vraiment redoutable.

Cette présentation captera immédiatement l'attention de votre public. Vous créez une scène dans laquelle votre public peut se projeter. Ne vous sentez pas obligé d'utiliser systématiquement la technique du fond perdu dans votre présentation. Réservez cette technique pour les visuels qui accompagnent la présentation de votre message clef. En procédant ainsi, vous serez certain de graver votre message principal dans l'esprit de votre auditoire. Prenez soin que votre photo prenne bien la totalité de la diapo. C'est assez inesthétique à la projection de s'apercevoir qu'un côté est resté blanc. L'agrandissement de la photo ne doit pas se faire au détriment du texte. Choisissez des photos vous permettant d'insérer correctement votre texte.

Au milieu
de nulle part ?

Non pas une photo posée sur une diapo mais une scène !

Plus d'impact !

CHERCHEZ
LA ZONE CALME

POUR LE TEXTE
RESTEZ AU CALME !

Les images à fond perdu c'est top, ok, mais toute la difficulté consiste ensuite à placer et maintenir la lisibilité d'un texte par-dessus ces images. Lorsque vous cherchez une image, gardez à l'esprit que votre image va servir de décor pour accueillir du texte. Certaines disposent de « zones calmes » qui facilitent l'intégration du texte.

Qu'est-ce qu'une zone calme me direz-vous ? C'est simple, il s'agit d'une zone de l'image relativement homogène au niveau colorimétrique notamment.

Si la zone calme de votre photo comporte peu de variations de luminosité, vous pouvez écrire directement en blanc ou dans une couleur pâle. Si la zone calme est très claire, écrivez en noir ou dans une couleur sombre. Le texte et l'image sont intimement liés, augmentant l'impact des diapos.

Bien sûr, il est parfois nécessaire de retravailler l'image, de la recadrer, voire de faire pivoter l'image afin de trouver le bon équilibre entre le texte et l'image. Mais n'oubliez pas que PowerPoint vous offre les outils qui vous permettront d'atteindre cet équilibre visuel : réglages de lumière et de contraste, rognage. Faites un tour au niveau des outils Image du logiciel, tout y est !

Içi nous avons une zone calme !

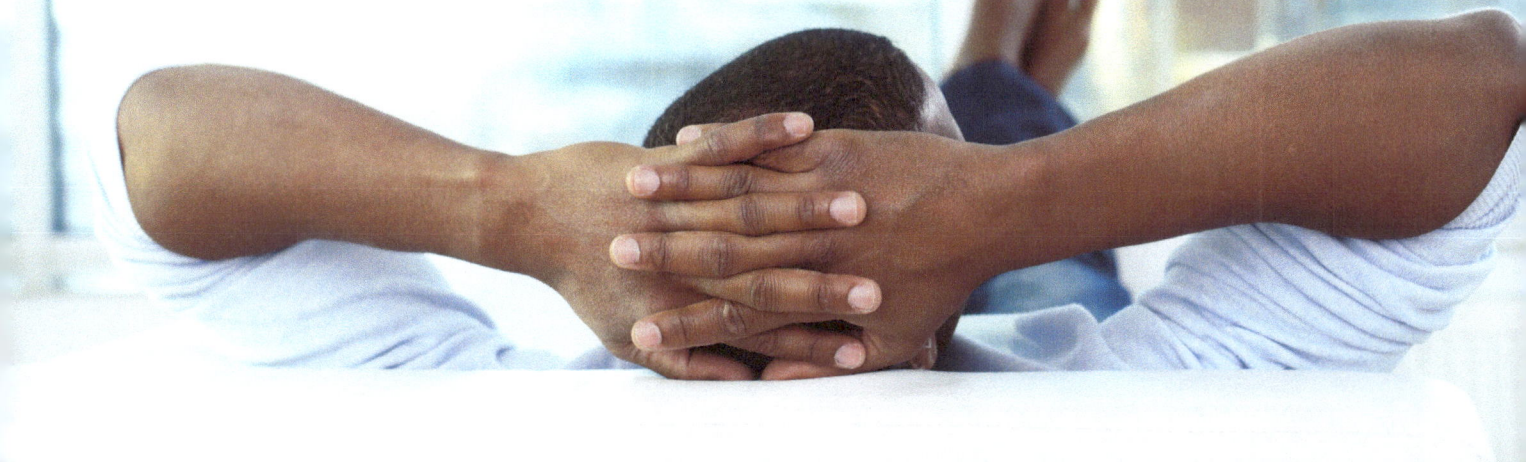

Les arrière-plans flous et les fonds vides forment des zones calmes idéales !

Ici, c'est moins calme !

GRRR...
J'AI PAS DE
ZONES CALMES

TRAVAILLEZ SEREINEMENT
EN TOUTE TRANSPARENCE !

Toutes les photos ne possèdent pas de zones calmes... Il faut donc pouvoir s'adapter !

Dans ce cas, vous allez intégrer votre texte dans un bloc, qui lui offrira un fond uni pour rester lisible. Donnez au fond une légère transparence 20 à 40%. Faites tout simplement dans PowerPoint un clic droit sur le bloc et choisissez la commande format de la forme... la transparence est à portée de clic ! Attention, le texte d'un bloc à fond clair est plus lisible s'il est placé sur une zone claire de l'image plutôt que dans une zone sombre. Et bien sûr, à l'inverse, utilisez plutôt un bloc à fond sombre sur une zone sombre. Vous pouvez aussi utiliser une couleur de l'image. Pour cela un outil magique de PowerPoint, la pipette qui permettra de prélever une couleur issue d'une image !

Si vous ne souhaitez pas utiliser la technique du bloc placé sur l'image, bref de l'encart en fait, il existe une parade... le dégradé progressif ! Il s'agit de recouvrir une image d'un bloc d'une couleur adaptée puis d'exploiter le principe du dégradé associé à la transparence : privilégiez le dégradé linéaire, composez votre dégradé avec trois couleurs identiques et diminuez l'opacité progressivement, le premier à 100%, le second à 50% et le troisième à 0%. Le résultat est esthétique.

RIEN NE VOUS ARRÊTES !

Choisissez la couleur du bloc en fonction de la zone de l'image où il sera placé !

Pa ea quatio. IsSoluptatur sequi sam quas illoratquid es expe aut facepud itatibearum quam excea nos id que sequi aut etur? Qui dent lab inctior erferep erepratem re comnistia nissunt et dis reicien dandandis audam, qui int volendem se dit, id quid et as voluptaturis a dolupta eosae perum faccatatibus dolutemquam experci llorere runtus am, que nus dis et est as et ut venduciistia voluptias ulluptium voloreris venisit militas pediant voleniamus ma

LA RÈGLE DES TIERS

JE COMPOSE MA PHOTO
COMME UN PRO !

Cette règle est issue du monde de la photographie et part du constat suivant : un sujet centré en plein milieu d'une photo donne une impression de platitude.

Pour donner du rythme et du dynamisme à votre composition, utilisez une grille qui séparera votre image en 9 cases équivalentes. Cette grille permet d'identifier quatre points névralgiques où l'œil revient le plus souvent lorsqu'il balaie un support visuel. Le point en haut à gauche revêt le plus d'importance, tandis que le point en bas à droite est à peine survolé ! Vous savez donc où placer les éléments selon leur degré d'importance !

N'hésitez pas à retravailler une photo pour donner plus d'impact aux points forts. Pensez à la fonctionnalité de rognage pour cela. Les appareils photo numériques récents intègrent pour la plupart une grille optionnelle qu'il suffit d'activer pour aligner ses prises de vue.

PowerPoint vous permet de créer des repères que vous retrouverez sur toutes vos diapositives, mais ils seront invisibles à la projection de la présentation. Servez-vous de ces repères pour établir votre grille des trois tiers.

Des images aux allures professionnelles...

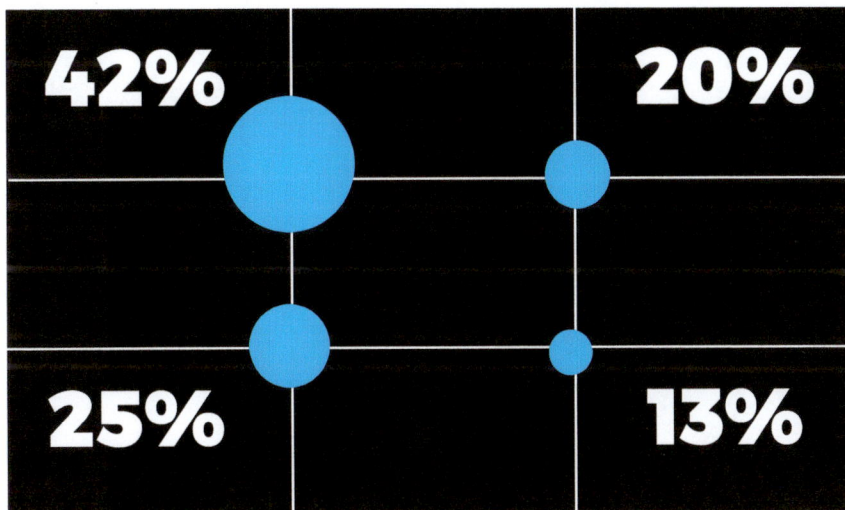

42% 20%

25% 13%

IMAGE 2/3
TEXTE 1/3

Si vous souhaitez que l'image prime sur le texte, cédez lui les 2/3 de la diapositive et insérez votre texte sur le tiers restant.

IMAGE 1/3
TEXTE 2/3

Si vous souhaitez que le texte soit l'élément majeur de votre diapositive et que l'image ne soit qu'un élément d'accompagnement, faites en sorte qu'il occupe les 2/3 de l'ensemble du support.

PENSEZ
IMAGE DÉTOURÉE

MON DÉTOURAGE ?
C'EST MOI QUI L'AI FAIT !

Les images détourées sont les plus faciles à placer sur une diapositive. Intégrer du texte sur une image détourée est un jeu d'enfant ! Détourage ? Oui mais encore... C'est quoi un détourage ?

Le détourage est une opération consistant à ne retenir d'une illustration qu'une partie. Il faut pour cela séparer l'objet et le fond, donc délimiter le contour de l'objet. Une fois détourée, l'image présente des contours irréguliers (au lieu d'un contour rectangulaire) correspondant à l'objet que l'on a extrait. La partie inutile est rendue transparente (on peut alors insérer l'objet dans une autre image), ou blanche, ou autre.

Les logiciels de traitement d'image, comme Adobe Photoshop ou GIMP, permettent de faire cette opération. Et PowerPoint alors ! Et bien c'est possible, vous ne rêvez pas ! Pas besoin de faire appel à un graphiste, vous pouvez détourer à votre guise, rien que vous, pour votre plus grand bonheur, votre collègue préféré, un produit, qu'importe ! Il suffit d'utiliser la commande miracle du logiciel, à savoir Supprimer l'arrière-plan, présente dans les outils Image de PowerPoint. Cadrez la zone à détourer, ajoutez les éléments manquants ou enlevez les grâce aux outils + et -, prenez un peu de temps... Le résultat est bluffant ! Attention quand même de travailler sur des images de bonne qualité ! En effet, pour arriver à un résultat efficace, prenez soin de prendre un visuel offrant un parfait contraste entre l'élément central de la photo et l'arrière-plan.

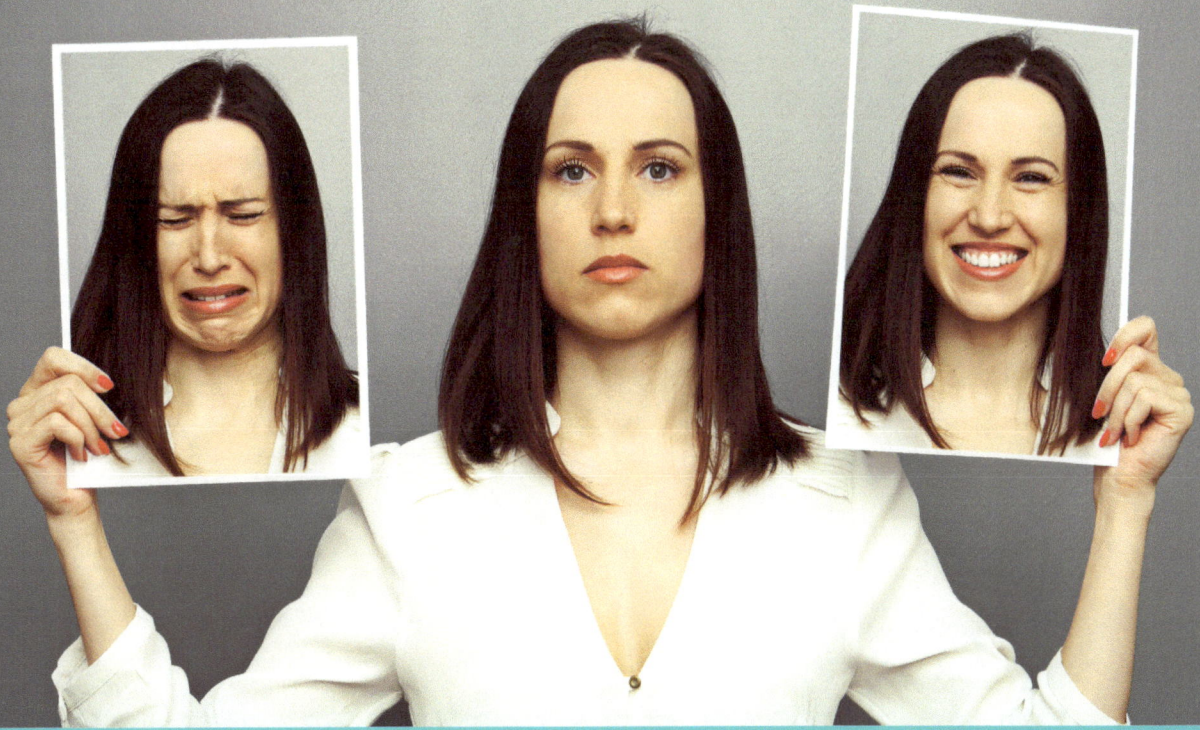

Avant détourage / après détourage

UTILISEZ L'ANALOGIE !

UNE ÉPONGE, ÇA FROTTE
UN HÉRISSON, ÇA...

Une image est capable d'exprimer à elle seule un message. Une image efficace doit valoriser, aux yeux de votre public, l'idée qu'elle accompagne. Elle doit aussi éviter de répéter littéralement ce que dit le texte de la diapo. Il faut concevoir le couple texte + image comme une alliance plutôt qu'une répétition.

Votre visuel doit donc répondre à deux contraintes : il doit être pertinent par rapport à votre idée et votre auditoire et non redondant avec le texte. Pour cela, votre image peut raconter une histoire à partir d'un concept abstrait, apporter une information inédite, utiliser l'analogie pour renforcer ou même éclairer le message.

L'analogie est une des manières les plus simples d'illustrer un message. L'analogie (ressemblance) est la mise en relation de deux objets, deux phénomènes, deux situations qui appartiennent à des domaines différents mais font penser l'un à l'autre parce que leur déroulement, leur aspect, présentent des similitudes. Un jeu s'établit avec le récepteur du message qui doit décoder l'image et établir la relation. Dans la plupart des cas, l'analogie crée un effet de surprise favorisant l'impact des messages.

Patrouille de France

Soutenir sans répéter...

Travail collaboratif

DONNEZ À VOS DONNÉES

MARRE DE DÉCHIFFRER DES CHIFFRES !

Les chiffres sont un vecteur important de l'information dans l'entreprise. Et pourtant, ils sont très (trop) souvent mal utilisés. Projeter des données chiffrées avec PowerPoint est certainement l'un des exercices les plus périlleux de l'art des présentations. Quoi de plus indigeste que des chiffres empilés dans des tableaux et des graphiques illisibles ? Utiliser des chiffres dans sa présentation revient à manier de la dynamite. Bien employés, ils peuvent devenir la meilleure arme à votre disposition pour convaincre votre auditoire. En revanche, si vous les manipulez avec approximation ou manque de discernement, ils peuvent littéralement vous exploser à la figure en pleine présentation.

Ni un chiffre ni une série de chiffres ne constituent un message à eux tous seuls ! La véritable information réside dans les conclusions tirées de l'analyse des données : évolution d'une action, point de vigilance, mesure à prendre... C'est cette information qui est utile au public : elle constitue votre message, pas le chiffre en lui-même. Votre rôle consiste donc à faire parler les chiffres.

Mais attention ! Lorsque vous commencerez à manier les chiffres pour les simplifier ou les amplifier, vous vous rendrez compte que la ligne jaune entre la persuasion et manipulation est très fine ... et qu'il ne faut pas grand-chose pour l'enfreindre. Restez très vigilant sur ce point !

Communiquer, c'est faire des choix !

1

IDENTIFIER LE MESSAGE

Formulez des messages sous forme de conclusions. Tout le monde peut lire un chiffre : ce qui intéresse l'auditoire, c'est l'interprétation que vous en faites. Une même série de chiffres peut véhiculer plusieurs messages : à vous de choisir celle que vous allez mettre en scène dans chaque diapo. Pour élaborer votre conclusion, imaginez-vous face à une personne de votre public qui vous demanderait sans cesse « Et alors ? ». Cet exercice vous obligera à aller au fond du message et vous aidera à vous rapprocher des attentes de votre public. Pour qu'un chiffre soit pertinent, il faut que le message soit clair.

2

FAIRE DES CHOIX

Le plus souvent, vous partez d'un tableau complexe, présentant de nombreuses données. Vous devez alors isoler le ou les chiffres clés qui soutiennent votre idée. Posez-vous quelques questions. Que signifie ce chiffre ? Que traduit-il ? Avec quels autres chiffres doit-il contraster ? Quels sont les chiffres annexes qui pourraient être supprimés ou regroupés pour simplifier la lecture ? Privilégiez la qualité de l'information plutôt que la quantité ! Une fois vos informations sélectionnées, il faut chercher le meilleur moyen pour les afficher.

VOUS VOULEZ UN PETIT EXEMPLE ?

Voici un tableau contenant de nombreuses données sur le portefeuille clients d'une société X. Seules les valeurs en pourcentages ont été conservées, un travail de synthétisation a donc déjà été effectué. Les données restantes peuvent servir de base pour illustrer plusieurs idées, véhiculer différents messages.

	2012		2014		2016	
	Répartition CA	Marges réalisées	Répartition CA	Marges réalisées	Répartition CA	Marges réalisées
Détaillants	45,57%	4,60%	55,30%	7,41%	44,12%	7,80%
Grands comptes, entreprises	16,03%	7,94%	12,01%	8,72%	18,91%	12,02%
Administrations	19,56%	20,04%	8,02%	10,50%	9,45%	10,50%
Grande distribution	16,63%	17,06%	15,15%	3,50%	6,30%	2,89%
Vente directe	2,22%	9,53%	9,52%	13,95%	21,22%	11,80%

 diapo design | © Gérald Vigouroux - 2018

L'ACTIVITÉ DE CONSEIL **FAIT FORTEMENT**
PROGRESSER LA MARGE **DE L'ACTIVITÉ ENTREPRISES**

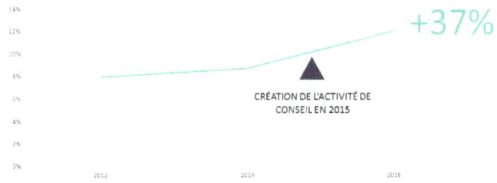

+37%

CRÉATION DE L'ACTIVITÉ DE
CONSEIL EN 2015

MESSAGE 1 - DONNÉES EN BLEUES

Grâce à l'activité de conseil, la marge sur le secteur des entreprises a progressé de 50%.

1 tableau = 3 idées

VENTE DIRECTE
FORTE PROGRESSION !

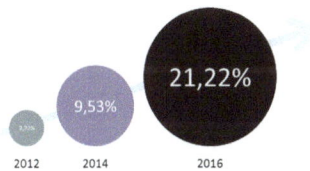

21,22%

9,53%

2012   2014   2016

MESSAGE 2 - DONNÉES EN GRISES

La création d'une activité de vente directe est couronnée de succès.

GRANDE DISTRIBUTION
notre activité avec la **marge la plus faible**

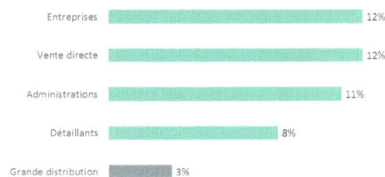

Entreprises	12%
Vente directe	12%
Administrations	11%
Détaillants	8%
Grande distribution	3%

MESSAGE 3 - DONNÉES VERTES

L'activité liée à la grande distribution présente des marges très faibles.

RENDRE SES GRAPHIQUES EFFICACES

MARRE DE DÉCHIFFRER
DES CHIFFRES !

Même pour les graphiques que l'on présente dans une présentation, la question du message à transmettre et donc du message à retenir par l'auditoire, doit se poser en amont de la réalisation des diapositives de votre présentation.

« Quel message mon auditoire doit-il retenir de mes chiffres ? » est la question-clé qui va vous aider à choisir la configuration et le type de graphique les plus adaptés. Aussi, avant de vous lancer dans la création d'un graphique, il faut commencer par les conclusions que vous voulez faire adopter.

Vos conclusions détermineront le choix du graphique que vous présenterez car différentes conclusions peuvent être tirées des mêmes chiffres.

On se sert généralement des chiffres pour illustrer trois grands types de relations : la répartition, l'évolution ou la comparaison. Dans chaque cas, certaines représentations graphiques sont plus pertinentes que d'autres.

Pour chaque diapositive de données, choisir un angle prédominant parmi les trois grands types de relations vous permet de créer le graphique le plus adapté.

RÉPARTITION

Il s'agit de montrer la composition d'un ensemble. Deux outils permettent de représenter des parts : les graphiques secteurs ou camemberts et les graphiques de barres empilées. Le graphique dit «camembert» permet d'identifier les éléments qui se combinent pour former un ensemble. Les barres empilées sont plus précises. L'oeil est en effet plus habile pour détecter les différences de longueur que les différences de surface. Au-delà de six parts, les différences sont trop faibles pour qu'un camembert permette de les identifier au premier coup d'oeil. La barre empilée permet de montrer des différences plus fines.

ÉVOLUTION

Lorsqu'on présente l'évolution d'un chiffre, c'est pour dégager une tendance : à la hausse, à la baisse ou nulle. On peut aussi pointer un moment particulier de cette évolution. On utilise pour cela des graphiques basés sur un axe horizontal représentant le temps, par convention de gauche à droite, ou en indiquant les valeurs sous forme de courbes ou d'histogrammes (barres verticales). Les courbes sont l'outil le plus adapté pour dégager des tendances d'un seul coup d'oeil. Elles permettent aussi d'identifier un point de rupture. Un histogramme est un graphique à barres verticales, dont l'axe horizontal est l'échelle de temps. Ce format est un peu plus difficile à lire qu'une courbe pour suivre une évolution, mais il permet une lecture plus fine des valeurs.

COMPARAISON

Comparer, c'est juxtaposer des données ou des séries de données pour illustrer les différences. Les représentations les plus adaptées sont les graphiques à barres et les répétitions d'unités. Les graphiques à barres permettent une comparaison efficace de données ou plus. L'oeil humain distingue très bien les différences de hauteur ou de longueur entre deux traits, surtout s'ils sont côte à côte. Si vous devez être précis, il est toujours plus efficace d'afficher les valeurs au-dessus de chaque barre. Utilisez les étiquettes de données plutôt que les axes gradués accompagnés d'un quadrillage.

5 CONSEILS POUR DE BONS GRAPHIQUES

ÉVITEZ LA CONFUSION
UN TITRE UNIQUE

Vous avez choisi un graphique pour illustrer votre idée : le titre de votre diapositive servira donc aussi de titre à votre graphique. En lisant ce texte, le public doit comprendre la conclusion que vous tirez des données, ainsi que la nature des informations mises en relation dans le graphique. Rédigez un titre sur une ou deux lignes : vous conservez un maximum d'espace pour le graphique proprement dit.

ALLEZ À L'ESSENTIEL
POUR UN MEILLEUR IMPACT

Tout ce qui n'est pas absolument indispensable pour comprendre ce dont vous parlez doit être éliminé. C'est à cette condition que vous pourrez donner de l'impact à vos graphiques.

LES ÉTIQUETTES DE DONNÉES
GAGNEZ EN PRÉCISION

Une étiquette de données contient la valeur exacte d'un élément du graphique. Sans étiquette, on apprécie un ordre de grandeur. Avec une étiquette, vous pouvez être précis, à la virgule près. Comme les autres textes, l'étiquette doit être écrite dans une taille importante pour garantir la lisibilité. Elle doit être placé à côté de l'élément concerné. Si les étiquettes sont trop nombreuses pour l'espace de la diapositive, vous avez deux solutions : afficher les étiquettes une par une plutôt que toutes ensembles, pour commenter chaque point, en utilisant les animations; utiliser une graduation principale large avec un quadrillage et une graduation secondaire plus fine.

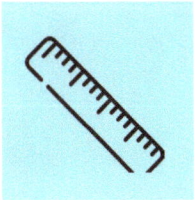

LES AXES
CRÉEZ DES REPÈRES UTILES

Les axes constituent des repères de lecture pour les graphiques à barres et les courbes. Les quadrillages permettent de prolonger les graduations des axes pour une lecture plus fine. Leur apparence peut être modifiée, comme pour n'importe quelle forme : choisissez des traits fins et d'un gris discret pour ne pas surcharger la diapositive. Les noms des catégories doivent apparaître près de l'axe pour une lecture rapide du graphique. S'ils sont trop longs, simplifiez-les ou utilisez une légende.

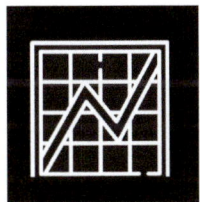

LE QUADRILLAGE
SI C'EST NÉCESSAIRE...

Il surcharge graphiquement la diapositive et ne doit être utilisé que pour les axes de valeurs et en l'absence d'étiquettes de données. Pour les courbes, il permet de mieux repérer quand la courbe passe un cap. Les lignes du quadrillage doivent être plus fines et plus claires que les axes.

LE SCHÉMA C'EST MON DADA...

DONNER DU SENS
À VOS IDÉES

Le diagramme, appelé généralement schéma (SmartArt dans PowerPoint...) est un bon moyen pour expliquer comment interagissent les parties d'un tout. Il est presque impossible de communiquer aujourd'hui sans ces formes géométriques qui symbolisent simplement et efficacement différentes catégories de relations et leurs interactions.

Mettre du texte dans des formes et le placer à côté de, ou connecté à tous les autres crée du sens et établit des relations entre les informations. Choisissez le bon type de relation, parce que la façon dont vous placez le texte dans des formes sur une surface crée un sens. Sont-ils similaires ou différents ? Sont-ils connectés ? Y-a-t'il une hiérarchie ? Cela indique-t'il un processus ?

Sachez que plusieurs types de schémas peuvent être pertinents pour la même idée. C'est la composante prédominante de votre message qui détermine la représentation à adopter. Si vous êtes indécis, n'attaquez pas directement votre diapositive dans le logiciel. Commencez plutôt par crayonner le brouillon de votre schéma sur une feuille de papier. Cette étape permet de clarifier vos idées sans perdre de temps, car la mise en forme de schémas peut être long sur l'ordinateur.

Veuillez toujours à la lisibilité du texte, en tout point du schéma. Dès que possible, utilisez des pictogrammes clairs qui occupent moins d'espace que les mots.

FLUX

Formes connectées par une flèche pour montrer direction ou mouvement

Processus / Cycle / Echelle de Temps /Engrenages /Séquence

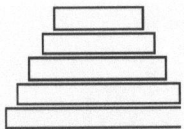

RÉSEAU

Formes divisées en multiple segments.

Camembert / Beignet / Cercle / Coeur

SEGMENT

Formes connectées par une flèche pour montrer direction ou mouvement

Processus / Cycle / Echelle de Temps /Engrenages /Séquence

PILE

Formes empilées en ordre ascendant ou descendant.

Graphique en barres / Cercles concentriques

JOINT

Formes interconnectées ou partageant un jeu de valeurs.

Puzzle / Venn / Lien

CLASSIFICATION DES SCHÉMAS

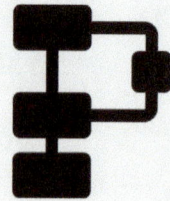

Flux

FORMES CONNECTÉES PAR UNE FLÈCHE POUR MONTRER DIRECTION OU MOUVEMENT (PROCESSUS, CYCLE, ÉCHELLE DE TEMPS, ENGRENAGES, SÉQUENCE).

PARALLÈLE
LES FORMES VONT DANS UNE DIRECTION PARALLÈLE.

LINÉAIRE
LES FORMES VONT LINÉAIREMENT.

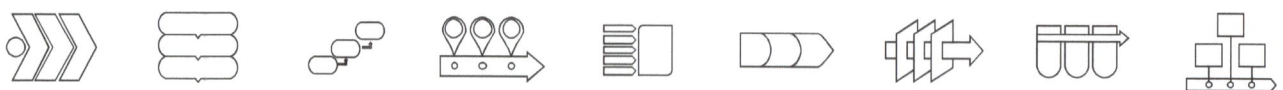

BOUCLE
LES FORMES CRÉENT UNE BOUCLE FERMÉE.

FUSION - DIVISION
LES FORMES SE SÉPARENT OU SE COMBINENT AVEC D'AUTRES.

Joints
FORMES INTERCONNECTÉES OU PARTAGEANT UN JEU DE VALEURS (PUZZLE, VENN, LIEN).

CROCHET
FORMES AVEC UN CROCHET ET UN ŒIL QUI LES FAIT SE RELIER.

CHEVAUCHE
FORMES SE TOUCHENT OU PARTAGENT UN ESPACE ENSEMBLE.

CLASSIFICATION DES SCHÉMAS

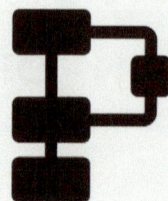

Empilement

FORMES EMPILÉES DE MANIÈRE ASCENDANTE OU DESCENDANTE (GRAPHIQUE EN BARRES, CERCLES CONCENTRIQUES).

HORIZONTAL
FORMES EMPILÉES HORIZONTALEMENT.

VERTICAL
FORMES EMPILÉES VERTICALEMENT.

Réseau

CENTRE ET RAYONS
LE RÉSEAU S'ÉTEND D'UN NOYAU CENTRAL

ÉCLATEMENT
LE RÉSEAU EXPLOSE VERTICALEMENT OU HORIZONTALEMENT

RAYONS
LE RÉSEAU S'ÉTEND DU CENTRE SANS NOYAU

ANNEAU
LE RÉSEAU CONNECTE DES FORMES EXTÉRIEURES ENTRE ELLES PAR UNE BOUCLE FERMÉE

CLASSIFICATION DES SCHÉMAS

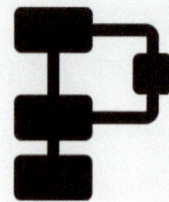

Segment

FORMES DIVISÉES EN MULTIPLE SEGMENTS (CAMEMBERT, BEIGNET, CERCLE, COEUR).

CAMEMBERT
FORME COUPÉE EN MORCEAUX,
AVEC LES MORCEAUX CENTRAUX RÉUNIS EN UN POINT.

BEIGNET
FORME COUPÉE EN MORCEAUX,
MAIS AVEC UN TROU OU NOYAU AU MILIEU.

4000
diagrammes gratuits

diagrammer.com
Nancy Duarte

L'INFOGRAPHIE, C'EST TOP !

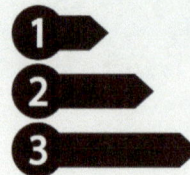

SOLLICITER LA MÉMOIRE VISUELLE
DE VOTRE PUBLIC !

Une infographie. Il n'y a pas de meilleur moyen pour partager des données de façon visuelle et informative à la fois : c'est un mode de communication ludique, complet et impactant !

Elle a la particularité de transmettre un maximum d'informations simplement et surtout de marquer les esprits. Il y a plusieurs raisons pour lesquelles l'infographie vaut son pesant d'or. Pour commencer, elle capte immédiatement l'attention. Cet outil vous permet de présenter visuellement n'importe quelle donnée. Ainsi, vous pouvez rendre intéressante même l'information la plus ennuyeuse.

Il vous suffit d'ajouter des couleurs et des images et le tour est joué !

Les stimulations visuelles ont pour avantage d'attirer immédiatement l'œil des visiteurs. Et c'est toujours plus agréable à lire qu'un tableau ou qu'un texte à puces ! Ce parti-pris graphique qui se veut simple est particulièrement percutant pour le public et du coup renforce la crédibilité de l'orateur (l'orateur montre l'essentiel, il va droit au but et ses sent plus à l'aise puisqu'il a face à lui un public intéressé et attentif). Très visuel, ce mode de communication favorise une assimilation plus facile des données car il fait appel à la mémoire visuelle du public. Il oblige à une sélection, une synthétisation et une hiérarchisation de l'information (présentation des informations les plus pertinentes) donc : compréhension immédiate de la part du public. La présentation des données est variée : Histogrammes, cercles, formes, camemberts, personnages, icônes...Cela amène du relief et permet de mieux exprimer les résultats. Bref, la représentation de vos données devient : ludique, simple, attractive et surtout...originale,

PRÉPAREZ LE TERRAIN !

Il est préférable de définir les données que vous allez mettre dans votre infographie avant même d'avoir commencé. Procédez par étapes ! Collectez et organisez vos données. Puis faites un brouillon de comment vous souhaitez les présenter. Écrivez le contenu exact. Choisissez l'outil qui convient le mieux à vos besoins : cela peut être PowerPoint, via les outils Dessin bien sûr ! Commencez votre infographie. Nous allons jeter un œil aux outils en ligne qui vont vous permettre de la réaliser si nécessaire.

CANVA

Lorsque vous cherchez un programme pour créer des infographies, Canva est probablement celui qui arrive en haut de la liste. Performant et facile d'utilisation, vous pouvez faire glisser vos éléments pour créer toutes sortes de graphiques à utiliser ensuite sur les réseaux sociaux ou même en format papier. Cerise sur le gâteau ? C'est gratuit !

VENNGAGE

Venngage est une autre option de qualité pour créer votre infographie. Il vous propose une large palette d'outils, toujours à la façon glisser-déposer. Son design est assez similaire à celui de Canva. Icônes, tableaux, cartes et encore bien d'autres choses sont disponibles sur Venngage. Par contre vous devrez passer à la caisse pour pouvoir la télécharger !

PIKTOCHART

Vous voulez encore plus de choix ? Piktochart vous propose des Templates gratuits et vous permet de créer et de personnaliser vos présentations et infographies gratuitement et rapidement. Cet outil contient également un onglet « Inspire Me » (Inspirez-moi) qui affiche le travail de ses utilisateurs. Cette section sera très utile pour donner des idées aux plus novices.

EASEL.LY

Easel.ly est sans doute l'outil le plus simple proposé dans cette liste – dans tous les sens du terme. Il n'a pas le look ni la sophistication de ses concurrents, il est ce que l'on pourrait appeler un outil « low cost ». Easel.ly vous jette directement dans le bain et affiche d'emblée l'ensemble de sa collection.

OUAHH
LA VIDÉO !

TU AS VU
LE DERNIER FILM ?

La vidéo a toujours été l'une des formes les plus puissantes pour la communication visuelle. L'influence mondiale de la télévision et des films témoigne de l'attraction inhérente de l'image mouvante.

Ainsi, la vidéo connaît un succès phénoménal dans l'écosystème Web 2.0 : YouTube, troisième empire du Web, ne cesse de se développer ; Facebook s'acharne à se tailler une part plus importante du gâteau audiovisuel ; sans compter les nouveaux services comme Periscope et Meerkat qui se mangent le nez dans la course au Live Streaming. Il n'est donc pas surprenant que la vidéo plein écran soit devenue une tendance du Diapo design particulièrement appréciée.

Mais ce n'est pas qu'une question d'esthétique. D'un point de vue pratique, la vidéo présente un avantage considérable : montrer ses produits/talents en action est un moyen infaillible de captiver ses visiteurs.

Videvo.net
Xstockvideo.com
Mazwai.com

Ces sites offrent une large gamme de vidéos de haute qualité autour de la nature, les gens, les animaux et de nombreuses autres catégories utiles.
Les vidéos de basse résolution peuvent être téléchargées gratuitement, tandis que les versions de résolution souvent plus élevées peuvent coûter peu d'argent. Bien que beaucoup peuvent préférer créer leurs propres vidéos, si vous n'avez pas le temps, le talent ou le budget de production, ces ressources sont un excellent moyen de passer le cap.

PENSEZ AUX ARRIÈRE-PLANS

Les arrière-plans vidéo sont devenus une tendance graphique intéressante. Traditionnellement, la vidéo sur une diapositive n'a qu'un but : transmettre des messages efficacement.
Les arrière-plans vidéo se concentrent davantage sur la définition d'un ton émotionnel ou d'un sentiment.

1

Personnalisez !

Une fois votre vidéo importée, vous pouvez facilement la personnaliser selon vos besoins. Superposez une texture, modifiez la couleur, donnez à votre arrière-plan le look idéal ! Votre fond d'écran devient une œuvre d'art !

2

Travaillez le contraste !

C'est assez évident, mais une piqûre de rappel est toujours bonne à prendre : vous devez créer un contraste fort entre votre vidéo et le texte qui l'ornemente. Attention à choisir des couleurs complémentaires appartenant à une même palette ! Sur du clair, optez pour du foncé et inversement.

3

Coupez le son !

Le silence est d'or. Vous ne voulez pas imposer à votre public des sons intrusifs. Pensez à couper le son de la vidéo !

4

Utilisez des bandes !

Vous ne voulez pas imposer trop radicalement votre vidéo ? Pas de problème ! Vous pouvez introduire votre vidéo à un emplacement spécifique de diapositive.

ÇA TOURNE !

SPIELBERG ?
NON, JEAN-BERNARD...

Les vidéos brisent la monotone succession texte/image/texte que l'on trouve habituellement sur les diapos et font souffler un vent d'animation bienvenu.

Si vous avez déjà une présentation, il peut donc être judicieux d'y insérer un clip Vidéo, pourquoi pas même comme fond de diapo, sur la couverture par exemple. Vous captiverez votre public instantanément.

Vous voulez vous lancer ?

Alors comment tourner une vidéo originale ? Contrairement aux idées reçues, pas besoin d'avoir le matériel de Steven Spielberg pour cela !

Avec ce qu'il faut de créativité et d'entraînement, votre smartphone sera suffisant pour réaliser des chefs-d'œuvre.

CHERCHEZ LA BONNE LUMIÈRE

Exactement comme pour la photographie, la lumière est l'un des éléments clés dans la réussite de vos vidéos. Pour que le rendu soit à la hauteur de vos attentes, un éclairage puissant est nécessaire. Utilisez de préférence la lumière naturelle en journée (bien sûr, sans faire face au soleil, pour éviter d'être à contre-jour) ou un équipement adapté pour filmer en intérieur.

RESTEZ AUSSI IMMOBILE QUE POSSIBLE

À moins d'être doté d'un équilibre hors du commun, tourner votre film en vous déplaçant peut s'avérer périlleux. Tout ce que vous obtiendrez, ce sera une vidéo tremblante, au rendu un peu bancal. Alors, essayez de rester aussi immobile que possible lors de la prise de vue.

Pour mettre toutes les chances de votre côté, vous pouvez utiliser des aides physiques, comme les bâtons télescopiques (vous savez, ceux qui ont été popularisés par la folie des selfies), afin de caler votre appareil. Et avant de prendre votre vidéo, n'oubliez pas d'activer la fonction « stabilisation » intégrée à la plupart des smartphones nouvelle génération. Elle atténuera considérablement les désagréments dus aux mouvements.

COUPEZ LE SON

Si vous utilisez votre vidéo pour habiller votre présentation, nous vous recommandons fortement de couper le son avant le tournage. Sinon, celui-ci se mettra automatiquement en marche lorsque lancerez votre diapositive. Vous en avez probablement déjà fait l'expérience : les bruits intrusifs sont franchement agaçants et peuvent pénaliser fortement l'effet voulu.

À L'HORIZONTAL

Si vous souhaitez publier vos vidéos sur votre diaporama, vous devez impérativement tenir votre téléphone à l'horizontal. Autrement dit, filmer en « mode paysage ». Pourquoi ? Tout simplement parce qu'une vidéo tournée verticalement sera étirée au point d'être déformée lorsqu'elle s'affichera sur l'écran de vos visiteurs.

LE MOT
DE LA FIN...

The End.

Persévérance

DE LA
PERSÉVÉRANCE !

Plus vous avez de motivation intrinsèque, plus vous avez des chances de persévérer. Plus vous persévérez, plus vous avez des chances de réussir !

Gambaru

Gambaru est un verbe fréquemment utilisé au japon pour exprimer la motivation et le courage que ce soit sous forme de discours interne, de recommandation à quelqu'un ou de communication de groupe. Le mot est composé de deux idéogrammes : l'un qui signifie ténacité, et l'autre qui signifie tirer. Le terme peut donc être traduit en « tenir bon », « faire preuve de ténacité », ou « faire de son mieux ». L'expression en réalité insinue de faire plus que son possible, de persévérer au-delà des défis insurmontables.

NE PAS LACHER L'AFFAIRE

Le concept de Gambaru est profondément ancré dans la culture japonaise et dans son approche de l'existence. Le sens littéral de gambaru exprime l'idée de s'impliquer dans une tâche avec ténacité, jusqu'à ce qu'elle soit terminée.

NE JAMAIS RENONCER

N'importe qui peut s'améliorer, à condition de ne pas abandonner et de fournir un effort constant, important et sincère. Le succès se fera peut être attendre mais l'essentiel est de faire simplement et sincèrement de son mieux. Il s'agit de se montrer percévérant : si le talent est évidemment important, la persévérance l'emporte le plus souvent sur le reste.

EN LIGNE DE MIRE

Plus vous persévérez, plus vous avez de chance de réussir. Gardez toujours vos objectifs clairs et en ligne de mire. La persévérance, c'est garder continuellement le même objectif, disait l'auteur à succès et entrepreneur Seth Godin.

REPOUSSER SES LIMITES

Toute personne ayant réussi dans sa vie professionnelle et personnelle poursuit son éducation longtemps après avoir quitté l'école. La formation continue tout au long de sa vie : il n'y a pas de limites à l'amélioration.

Dans notre monde, aujourd'hui, multiple et connecté, il n'a jamais été aussi simple d'accéder à des ressources et informations, gratuites ou à très bas coût, provenant du monde entier !

Il n'y a désormais aucune excuse pour torturer vos auditoires ou vos collègues avec des présentations assommantes et des discours ternes et sans passion !

Croire n'est pas une condition suffisante du succès, mais c'est une condition nécessaire.

Garr Reynolds

et maintenant, à vous !

www.ingramcontent.com/pod-product-compliance
Lightning Source LLC
Chambersburg PA
CBHW060800270326
41926CB00002B/38